1

ホリスティック教育叢書

「いじめ」を超える実践を求めて

ホリスティックなアプローチの可能性

日本ホリスティック教育協会
成田喜一郎　西田千寿子
編

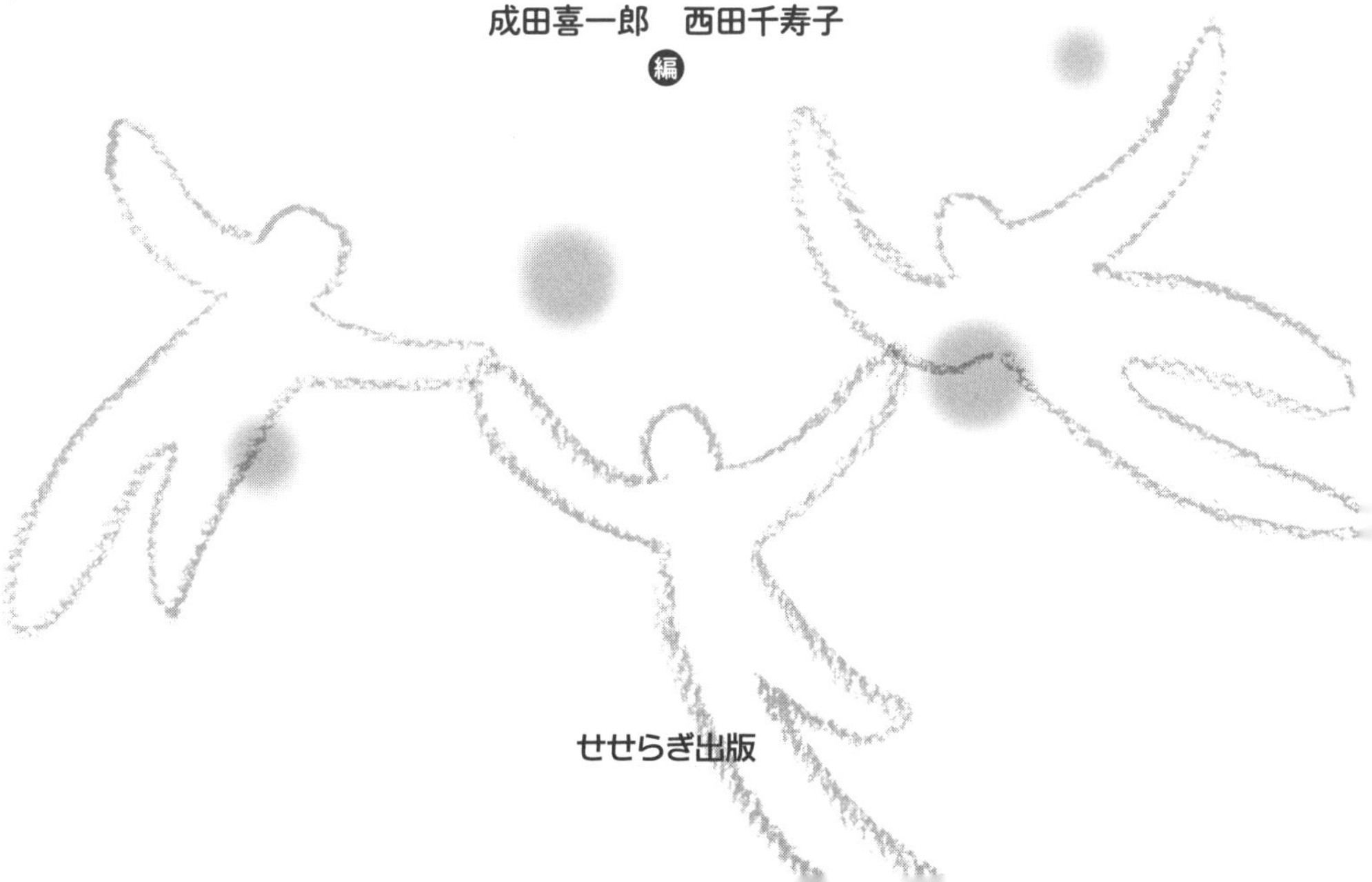

せせらぎ出版

はじめに

波からの問いかけと応答

寺澤　満春

波は風と潮の流れに乗ってやって来る
きょうも静かな浜や岬に
寄せては引いてのくり返し
波はときに地の震えとともにやって来る
あの波は「ひと」「もの」「こと」のすべてを呑み込んだ
あの波につながりかかわる人々の数知れぬ記憶をも呑み込んだ

この「波」はいったいどこから来るのだろう
この「波」は十年ごとにやって来る
この「波」につながりかかわる人々の数知れぬ記憶をたぐり寄せ、
今ここで、この「波」とは何か、と問いかける

どこから来て、どこへゆく「波」なのか、
喜びは、この「波」超える新たな「波」になれるのか、
今ここで、この「波」のもたらす問いへの応答、試みる

日本ホリスティック教育協会は、二〇〇〇年三月から二〇一〇年三月まで刊行を続けてきたホリスティック教育ライブラリー全十巻+別冊をもって、ライブラリー・シリーズにピリオドを打ちました。

しかし、二〇一一年、ポスト3・11の教育・社会は、東日本大震災・原発問題をはじめ、国内外の政治・経済・社会・文化をめぐる混迷・混沌の中にあり、また、我が国は他国に先駆けて前人未踏の少子高齢化が進み、超高齢人口減少社会を迎え、益々ホリスティック教育への期待が高まる状況が生まれつつあります。

そのような状況のもとで、まさに今まで以上に実践と研究とをつなぐ試みとしてホリスティック教育叢書を刊行することにいたしました。あらゆる立場や異なる世代の人々が手に取りやすく、広く読まれることをめざし、ブックレット・スタイルを採用することにいたしました。

そして、「ホリスティック教育叢書1」として『「いじめ」を超える実践を求めて―ホリスティックなアプローチの可能性』をせせらぎ出版より刊行することになりました。

幾度となく押し寄せてきた「いじめ」という名のこの「波」。

一九八〇年代から「いじめ」や「不登校」が社会問題化しはじめ、一九九六年三月、季刊誌『季刊ホリスティック教育』(創刊準備0号から第15号まで全16号)が刊行され、同年四月には『喜びはいじめを超え

る―ホリスティックとアドラーの合流』（春秋社）を世に問い、一九九七年六月、日本ホリスティック教育協会が発足されました。

そして、持続可能な開発のための教育ESDの10年が始まる二〇〇〇年代半ばには、「いじめ」自殺・予告が問題になり、二〇一一年三月一一日、東日本大震災と原発事故が起こりました。まさにポスト3・11、文字通りESDが求められる中、「いじめ」による「自殺」や「体罰」、子どもの「貧困」がマスコミを賑わし、二〇一三年六月二八日には「いじめ防止対策推進法」が制定されました。

教育と政治・経済・社会・文化とが連動する現在、わたくしたちは、「いじめ」とそれにつながりかかわる教育的社会的な課題にどう向き合うのか、一九九〇年代の半ばに「喜びはいじめを超える」という概念を共有し始めましたが、果たして今もそれは有効なのか、ホリスティックなアプローチの可能性はどこにあるのかという問いかけに応答したいと考えました。

本書の主な構成は、以下のとおりです。

●一章　「いじめ」を超えるためのホリスティックなアプローチ

この章では、現在、小学校に勤務する教員と学校司書、元中学校教員・現大学教員によって具体的な学校現場で行われた「いじめ」を超える実践とホリスティックなアプローチの可能性について述べられています。小学校の教室、中学校の学級・学年における取り組みだけではなく、学校図書館という本来ホリスティックな空間における実践を取り上げました。

●二章　ホリスティックなアプローチの理論と方法

この章では、長年、日本のホリスティック教育研究をリードしてきた研究者の二人が、わが国の「いじめ」とそれに対する取り組みや実践について、国際的な視野に立った理論的、哲学的な意味づけを行い、クリティカルな視点や発想の転換を呼びかけています。深い喜びが「いじめ」を超える可能性、集団意識から「独り」になることの意味、「師」となる存在との出会いについて述べています。

●三章　教師のライフヒストリーの中の「いじめ」―ホリスティックなアプローチへの道

この章は、一九七〇年代末から二〇〇〇年代初頭を過ごした一中学校教員の「ライフヒストリー」の中の「いじめ」にフォーカスし、光と陰とその狭間の中でいかにホリスティックなアプローチへの道に向かったのか、「オートエスノグラフィー」（自らの記憶と多様な記録をもとに自らの実践を自らのメタ認知＝主観の主観による客観化を通して意味づけていく質的研究法）の叙述を試みました。

以上のように、本書『「いじめ」を超える実践を求めて―ホリスティックなアプローチの可能性』では、実践者と研究者とがそれぞれの専門性をもとに執筆し合い、また、実践と研究とをつなぐ新しい方法（ライフヒストリーやエスノグラフィーなど）を試みた書籍となりました。

本書が、立場や世代、専門性を超えて広く多くの方々に読んでいただけることを切望してやみません。

なお、本書刊行まで粘り強く執筆・編集作業を支えてくださったせせらぎ出版のみなさん、とりわけ原知子さんに心より感謝の気持ちをお伝えしたと思います。

二〇一三年八月八日　　広島・長崎被爆の日の狭間にて

日本ホリスティック教育協会　成田喜一郎・西田千寿子

「いじめ」を超える実践を求めて●目　次

第1章

「いじめ」を超えるための ホリスティックなアプローチ

小・中学校の実践

子どもたちの瞳輝く教室
——ホリスティックな学級づくりを目指して——

公立小学校教員　西田　千寿子

1．小学校の現場で

心に留めておきたい風景があります。一年生の子どもがスキップしながら教室に入ろうとしている風景です。

入学したばかりの頃は、引っ込み思案で恥ずかしがり屋で、不安からかおどおどし、一年生らしいはじけるようなエネルギーは感じられませんでした。しばらくして、学校にもクラスの友だちにも慣れ、学級が安心できるところになったのでしょう、休み時間に中庭から帰ってくるときに嬉しそうにスキップしながら教室に入ろうとしていました。

子どもたちがなんでもない時に自然とスキップが出る様子、瞳がきらきら輝いている様子は「幸せ」

の象徴のように思えます。そして、教師は、子どもたちの瞳がいつもきらきら輝く学級づくりをしたいと常に願っているのです。

ところが、様々な問題が絡まりあって、すべての子どもたちが活力にあふれ、笑顔に満ちている学級づくりをすすめることが厳しい現状にあります。

私も小学校に勤めておりますが、朝早くから夜遅くまでどの先生方も頑張っていらっしゃいます。日本の学校の先生方の仕事は多すぎるのです。外国と比べても多い四十名学級で、教科指導、学級経営、宿題のチェック、連絡帳への書き込み、学校運営にかかわる校務分掌、清掃指導、給食指導（アレルギー対策も含まれます）、けんかなど問題が起こったときの処理、トイレを失敗した子どもの世話、体調不良になった子どもへの対応、学級費などの集金、学年費などの会計、保護者への対応、地域活動への参加、クラブ活動の指導（中・高等学校の先生方は、休日も指導）、様々な会議、どこからか下りてくる調査・報告書の作成などなど、教科指導以外の仕事をたくさんこなしているのです。時には、夕方までトイレに行く時間もないくらい忙しくしているのです。

しかし、見方を変えると日本の先生方は、ホリスティック教育に一番近い所にいるのかもしれません。教科指導だけをしているなら、普段は目立って発表しない子どもが真摯に掃除をする姿を見ることができないかもしれません。学級費を集めるからこそ、子どもが置かれている家庭の背景を読み取ることができるのです。教科の成績だけで子どもを見るのではなく、学級担任をすることで子どもをより包括的に見つめることができる機会がたくさんあるということです。

ティック・ナット・ハンが「理解することが愛することにつながる」といっています。考え方を変えれば、子どもたちに様々な対応をしなければならない状況におかれている教師は、より包括的により深く子どもたちをみつめることのできる位置にいるということです。一人の子どものことを知れば知るほど、愛おしくなってきます。対応に困っている子どもがいたとしても、その子の置かれている背景を理解すれば、ひとしお愛しくなってくるのです。

多忙化の中、教師自身がバランスを保てなくなりがちです。そして、忙しさはまだまだ続くと思いますが、子どもを理解するチャンスが私たちには多くあると考えを変えることもできるのではないでしょうか。

2. 二つの軸

活動的な明るい学級にするためには児童理解が大切です。それに加えていじめなどがおこらないような予防的な取り組みも必要だと思います。

学校では、様々な災害に対応できるよう平常時に避難訓練を行います。天災は避けることはできませんが、避難訓練によってできるだけ被害を小さくすることはできます。これと同じように、意見のぶつかり合いやけんかなどは集団で生活すると避けることはできません。でも、前もって何かあったときにどのように対応すればよいのか知っていれば、子どもたちの心の傷は小さくて済みます。傷つかないで乗り越えることができるかもしれません。「心の避難訓練」が必要なのです。

ささやかですが、私がこの「心の避難訓練」をはじめ、活動的で明るい学級経営をするために取り組んでいることを紹介させていただきます。

私なりに分類すると、大きな二つの軸があるように思います。一つ目の軸は、子ども一人一人を大切にし、寄り添いながら理解を深めていく軸。ケアという言葉に近いと思います。もう一つは、子どもたちの居場所である学級を高めていく軸。予防的な取り組みにつながると思います。

この二つの軸を大事にしながら、「今、ここで、この子どもたちとできること」をしてきました。そのいくつかを具体的に紹介していきたいと思います。

(1) 一人一人の理解を深めていく軸

●朝の健康観察

一番大事な時間だと思っています。限られた時間で、たくさんの子どもたちを見ていくのでおろそかになりがちですが、この朝の健康観察だけでしか声をかけられなかった子どももいるくらい忙しい日もあります。だから、この朝の時間だけは、一人一人の瞳をみつめ丁寧に名前を呼びかけます。待っている子どもたちが退屈で騒いだりするかもしれませんが、気長に、「この時間が一番大切な時間なんだ」ということをわからせれば、子どもたちもお互い同士の様子をしっかり観察するようになります。

朝の瞳の合わせ方で、充分子どもたちの様子がわかってきます。「あれ、今日はどうしたの？」と自然に声をかけてしまいます。瞼の二重がはっきりしてきた子は体調がすぐれていないということがわかり、「大丈夫？　熱はありませんか？」などの声をかけることができます。不安定なまま登校してきている子でも、自分のことをよくわかってくれていると思うことが、安心して授業を受けることにつながります。

●連絡帳や自主学習ノートを使って心の様子を探る

小学校では音読カードや連絡帳など保護者にチェックしてもらうことが毎日あります。そこで、連絡帳を改良して、一枚の中に、音読チェック、予定、持ち物、連絡、そして、一日のふり返りコーナー取り入れます。高学年になるとふり返りは五分間で百文字以上の文章で書かせるように指導します。低学年では今日の心のお天気としてお天気マークに印をつけさせます。もし、雨に印をつけていたとしたら、お家の方が「何があったの」と問いかける機会にもなります。また、担任も同じページを見ることができ、子どもがどんなことでつらかったのかを把握しておくことができます。子どもが書いたものを通して、教師も保護者も同じものを見ながら、子どもの生活を見守ることができます。

多くの学校では宿題に自主学習ノートをさせますが、この自主学習ノートも子どもの心を理解するのに役立ちます。前もって我慢することの大切さを指導しておきますが、そのときに「がまんできたということは、心の中にダイヤモンドができたということなんだよ。素敵なことだから先生に教えてね」と伝え、「ダイヤモンドができたら、自主学習ノートに書いてね。文章に書けなかったら、心のダイヤモンドの印だけでも書いてね」ということも伝えます。我慢できたということは素晴らしいことで子どもを褒めることにもなりますが、あまりにも我慢が続いているということは、ストレスがたまっているということなので何か手立てを考えなければなりません。また、自分を認めてもらいたい要求が高い子も心のダイヤモンドをたくさん書いてきますが、この場合も丁寧に対応することで子どもたちは満足を得ることができます。

●個別な対応が必要な子どもへ の配慮

朝の健康観察や日頃の行動、そして連絡帳やノートから特別に配慮の必要な児童は分かると思います。その時は、放課後の時間や休み時間を使って個別に対応します。

子どもを残すときは、十分な配慮が必要です。「残された」と思うと心が閉じてしまいます。そこで、様々な策略を考えてその児童が自然に残れるようにします。残した後も何か作業をしながら話を聞き始め、子どもが手を止めて話しだしたらこちらもしっかり聴くようにします。そうして、最後は何かを手伝ってもらって「ありがとう、助かったわ」の一言を添えるようにします。もちろん、一回だけでは終わらない場合が多く、その子だけを残していると他の子どもたちも残りたがるようになりますが、うまく采配してじっくり話を聞く時間を作ります。

表現が苦手だったり、深い問題を抱えていたりすると、時間を決めてその子と遊ぶことから始めたケースもありました。何気ないトランプ遊びの中からも、子どもたちを理解するのに十分なサインをたくさん見つけることができます。

●保護者への対応

保護者には、こまめに連絡を取ります。とくに、気になる子の場合は、何かトラブルが起こったときに連絡するのではなく、いいことも連絡するようにします。というのも、あるお母さんが「先生、夕方四時ころの電話を取るのが怖かったんですよ」と何気なく話されたことがありました。いいことを伝えていくことが、何か起こったときに共に問題を解決していこうという気持ちになりやすいと思います。

保護者との間で、何かしら行き違いが起こるときがあります。その時に、自分をかばうことばかりを考えると、保護者の方も自分を守ろうとします。そうすると対立が生まれます。対立して、一番つらいのは子どもです。子どもを中心に教師と保護者が支え合って育んでいく関係が崩れると、子どもが被害者になってしまいます。まずは、しっかり保護者の話を聴いて、それからどのようになってほしいかという希望を伝えます。そして、お互いができることを確認し合います。保護者によって、様々な背景があり、時には保護者自身を励ます場合も出てくるかもしれませんが、共に子どものためにできることを探っていくことを大切にしてきました。

●職場での連携

クラスの中で、気になる子どもがいたら、職員室などで分かち合うことを大切にしてきました。担任だけでなく、養護教諭や事務の方々にも力を貸してもらうことが多くあります。

その時の伝え方ですが、「A君乱暴で大変なの」と伝えれば、A君のマイナス部分にばかり目が行き、他の先生方もネガティブな見方をしてしまいがちです。子どものことを話すときには、「A君乱暴で大変だけど、何か悩みがあるみたいだから気になるの」とA君の背景も付け加えるようにしています。そうすると、皆さん、教師を志してきた方々、子どもの好きな方ばかりですから、A君を包み込むようなまなざしで見つめてくれます。そして、「この前、A君こんなこと頑張っていたよ」と報告してくれたり、直接A君を褒めてくれたりと、A君のサポーターになってくれます。そうするとA君は学級以外のところでも認められ、少しずつ居心地がよくなります。

●子どもをつつみこむ関係づくり

高学年や中学生になると、つらいことをつらいと簡単に話せなくなってきます。いじめられたことも、なかなか人には話せないのです。いじめられたときにだけ相談することは、大変勇気のいることです。

そこで、日ごろから、何か気持ちが分かり合える手段を持っておくことはいいことだと思います。学級では、自主学習ノートをうまく使いました。詳しく書かなくてもいいから、今の気分だけを書いてもらう日や、周りの友だちでつらそうにしている人がいないかを書いてもらう日などを設けて、月に一度程度書いてもらうようにしていました。最近では、各学校でいじめ調査があるので必要ないかもしれませんが、いつでも自分の思いを書いてもいいノート、そして、それを読んでくれる人がいるということは心の支えになります。そのため、自主学習ノートだけは提出の仕方を変えていました。他の宿題ノートは開いて出させますが、自主学習ノートだけは閉じたまま出して、人のものは勝手に見ないというルールを作っていました。自主学習ノートから、早い段階のいやな思いを見つけることができ、早期に対応することができました。

十年以上も前、キャンプリーダーとして、中学生たちと校外活動をしていました。その時に、一人の女子がいじめられて自殺を考えたことがあるということを告白してくれました。自殺しようとしたとき、いろんな人の顔が浮かんできたそうです。お母さんの顔、お父さんの顔、おばあちゃんの顔と次から次へと浮かんできて、涙があふれて止まらなかったそうです。そして、自殺することを思い直したそうです。次から次へと浮かんでくる人というのは、本当の自分をわかってくれる人だとも言っていました。だから、自分が死んだらその人たちがどんなに悲しむかがわかるから、死ぬのを思いとどまったようです。

これは、私が聞いた一例にしかすぎません。実際には、もっと複雑な事情が絡み合っていると思いますが、子どもがSOSを出せる場をもっとたくさん作っていること。サポートが一本ではなく、様々な場面のサポートが重なって網の目のようになっていることが必要なのだと思います。

●わかってもらえることが子どもの心を強くする

自分の気持ちをわかってくれる人が多いことが、子どもを安心させ、そして、強くします。

いつも乱暴な言葉使いで、周りの子どもを攻撃している子どもがいます。その子どもがけんかをして他の友だちを一方的に殴ったことがありました。その現場をみれば、殴った子が悪いので、償わなければなりません。でも、この時に「あやまりなさい」といっても、その子の興奮はおさまりません。言葉だけで謝ったとしても、心のわだかまりは消えず、また、些細なことでけんかになってしまいます。けんかが起こった後、なぜケンカに至ったのかその子自身も自分の気持ちが分かっていなくて、ただ悔しさと怒りだけが満ちていることがあります。自分の気持ちをコントロールしにくい子は、一人で振り返らすことに限界があります。一緒にその時の状況を丁寧に解きほぐすことで、なぜ悔しかったのか、なぜ腹が立ったのかがその子にようやくわかります。謝るという行動も、大変勇気のいることです。心が追い詰められた子ほど謝ることができません。謝ることが怖いようです。謝るという行為には、心の強さが支えになっています。一緒に自分の気持ちを考え共感し支えてくれる人ができると、心が強くなるのでしょうか、謝ることに抵抗がなくなり素直に「ごめんなさい」が言えるようです。

こんな出来事もありました。A君が友だちに殴りかかろうとして、周りのみんなから「やめろ。やめろ」と大きな声で騒がれました。騒ぎに気づいて駆けつけると、逃げていく子を追いかけているA君がいました。A君を受け持ったことはありませんでしたが、以前から休み時間や放課後にたくさんおしゃべりをしていました。私が、「ちょっと待って」そう言ってじっとA君の目をみつめて、「くわしく話を聞かせて」と言ってA君を連れだしました。A君は興奮冷めやらず、机やいすを蹴飛ばしていましたが、だまってついてきて静かに話を聴くことができました。

「悔しかったのか？」と聴くと、「うん」とうなずき、相手の悪いことを語り始めました。「許せなかったの？」と聴くと、「うん」とうなずいた後、「僕も悪いところがあった」ということも話し出しました。「仲直りできる？」と聴くと、もちろん笑顔で「うん」と言ってくれました。

自分を理解してくれる人がいると冷静に自分を見つめることもでき、A君の場合は殴りかからずがまんすることができました。

（２）学級全体を高めていく軸

●学級開き

これから子どもたちと新しい学級を作っていく「学級開き」の時間を大切にしています。

クラスに入って最初にすることは、笑顔で教室の子どもたちを見つめます。

そして、自己紹介ではなく詩の朗読です。自分がこれから作っていきたいクラスの姿をイメージしたものを紹介します。その後、自己紹介をします。クラスに入っていきなりプリントを渡され、詩を朗読されると多くの子どもはあっけに取れ、仕方がないのかプリントに目を落とし、一緒に詩を読み始めます。

自分の趣味などを話するよりも、たとえ話や詩を朗読するほうが、子どもたちはどんな先生かよくわかり、安心するようです。最高学年の六年生では、必ず日本国憲法の前文を読み始めます。大変長いので、集中できないかもしれないと思ったのですが、ざわついていたクラスがだんだん落ち着き、子どもたちの目が同じ文字を追い始めます。これは、初めての出会いという特別な時間だからできることですが、読み終わった後の一体感は忘れることができません。少し、お兄さんやお姉さんになった気持ちになるみたいです。

子どもたちと教師の最初の出会いがうまくいくと、子どもたちも居心地がよくなるようです。そして、クラス全体で進んでいく方向、「仲が良くお互いを高めあえる学級」ということをはっきりさせます。

●ルールを作る

最初の一週間ですることは、ルール作りです。どんなことをしたら怒られるのかを子どもたちに伝えておきます。してはいけないことを、はっきりさせておくということです。これを最初に伝えておくことで、クラスに何か問題が起こったときにも、このルールを使って説明することができます。そして、徐々にルールが浸透していきます。

「わざと、人の心や体を傷つけた時」「知っていて物を大切に扱わなかったとき」「自分を大切にしなかったとき」これを学年に合わせて分かりやすく説明します。時にはこれが五つほどのルールに分かれることもあります。

またこのルールをわかりやすく説明するときに、「学級からなくしたい、三つの卑怯なこと」という話もします。「落書き」「物隠し」「目の暴力」です。

特に「目の暴力」については詳しく説明します。「にらむ」「目をそらす」ということは、たいしたことはないと思っているようですが、された人にとっては大変つらいことなのだということをまず伝えておきます。学級で子どもは、いやなことを言われたりされたりすることよりも、無視されることの方が怖いのです。

「目の暴力」について話をしながら、今度は「目の良い力」についても話をし、何もできなくてもやさしく見てくれるだけで元気になることを伝えます。そして、仏教の教えで、昔の人はお金をかけずにできる七つのいいこと「無財の七施」をしていたことを話します。学級でも無財の七施ができないか考えさせ、「やさしく微笑む」「ありがとうを言う」「励ます」「順番を譲る」「応援する」「手伝う」「待つ」などクラスのなかで増やしたいこと確認し合います。特に、「待つ」という言葉は子どもからはなかなか出てこないのですが、学級全体がスムーズにいくためには必要なので、様々な場面を紹介しながら「待つ」ことのやさしさを引き出させます。

●笑いの違いを伝える

目の力についても最初に子どもたちに伝えますが、笑いの質についても子どもたちに教えます。仲間とともに笑い元気が出る笑いと、人の弱点を笑い元気を奪う笑いがあることを教えます。そして、「嘲笑」ではなく、教室には元気の出る笑いとやさしい微笑が必要なことを伝えます。メディアの中には、質の悪い笑いもたくさんあり、子どもたちもそれに慣れてしまっているので、人を馬鹿にしたような笑いがたくさんあります。最初に、笑いの質を教えているので、たとえどんな小さな笑いでも嘲りがあれば、それは元気の出る笑いではないと丁寧に指導していきます。数回指導すると、クラスの中から嘲り笑いはなくなります。

この指導と並行して、「わからない」「待ってください」「もう一度」という言葉は、恥ずかしいことではないということも教えると、学級は安心できる所に近づきます。この三つの言葉は自分を高めるために出てくる言葉だということも最初に伝えておきます。最近、何に対しても「わからない」とすぐに言ってなげだし、マイナスの雰囲気をつくる子もいますが、その子にもどこがわからないのか丁寧に尋ねることで、本当に必要な時にだけ使えるようになるようです。自分の意見をなかなか言い出せないおとなしい子どもたちのために必要です。

●学級文化を作る

ソーシャルスキルトレーニングやソーシャル＆エモーショナルラーニングを使って、学級文化の土台を作るのも、最初の一週間の仕事です。

「ふわふわ言葉とちくちく言葉」などや「注意と叱ることの違い」などを教えます。クラスの仲間同士では、大きな声で仲間を制止するのではなく、相手がした方が良いことを伝える注意をすることを進めます。例えば「ローカを走るな！」というより「ローカを歩いたほうがいいよ」とか「順番ぬかしするな！」というよりも「〇〇ちゃんの後ろに並んで」といった言い方をすることです。そして、言ってもらった人は注意をした人に「ありがとう」をいうルールも必要です。

学級文化を作るうえで大事なことは子どもたちの関係性です。優劣があってはいけないということです。学習の力や運動能力、芸術面での才能の違いはあるはずです。けれど、子どもたち同士の中に優劣があってはいけないと思います。叱る行為には、上の者から下の者に行う行為です。嘲笑もそうです。高い位置から低い位置のものを笑う行為です。小さなことですが、「手伝ってあげる」という言葉にも、どこか優劣の響きがあります。友だち同士の関係なら「〇〇してあげる」という言葉よりも「手伝うよ」や「〇〇するよ」という言葉のほうが良いということを教えます。

細かいことを最初の一週間で伝えておくことで、これからの学級経営の土台をつくります。一年間の学校生活の何気ないところで、教師も丁寧に指導することで、子どもたち一人一人のセンスが良くなります。

●子どもが主体となれる教材研究を

今まで紹介してきたのは、学級で大きなトラブルが起こらないための予防、そして、子どもたちが居心地良く生活できるための土台作りでした。

でも、子どもたちが一番キラキラ輝くためには、日々の学習が一番大切です。高学年になると一日に六時間もある授業がつまらないのは、一番のストレスです。どの子も取り組むことのできる教材を用意できたら、自然と子どもたちは動き出します。

どの子も意欲を持って取り組めるようにするためには様々仕掛けが必要ですが、教材と生活を結びつけた取り組みをすると、学習が苦手な子どもでも自分のこととして主体的に取り組めます。国語、算数、理科、社会、どの教科でも人や地域とつなげることができます。

特に、総合的な活動の時間は発展させやすく、どの子も自分なりの活動ができ、答えがないので自分の考えを自由に表現することができます。受け持っていたクラスで、ゴミ問題のことで意見抗議文を雑誌に投稿することになりました。作文が苦手な子もいましたが、自分たちの故郷の海を汚されることに対して、どの子もしっかりと自分の意見を述べることができました。その結果、子どもたちの作文が雑誌に記載され、それがきっかけとなって、町に環境保全基金が創設される運びとなったこともありました。

クラス全体を動かしていく一番の原動力は教材研究です。

教材研究をし、どの子も授業の中で活かされる活動を続けていると、子どもの瞳はきらきらと輝きます。

3. 最後に

日本だけでなく世界各国でもいじめの問題は深刻です。「いじめをなくす」という考え方には、少し違和感を覚えます。いじめをする加害者と被害者がいて、加害者を排除するような取り組みに聞こえるからです。

どちらかというと「いじめにさせない」取り組みが大切なのだと思います。たくさんの子どもたちが集まって活動する学校では、様々な衝突がおこります。小さな衝突は子どもたちがしなやかに成長していくためには必要なことかもしれません。しかし、その衝突の矢が特定の子に集中したり、誰にも相談できずに悩んでいたりしないように一人一人を理解することが大切です。いじめをしたくてしている子はいません。家庭で、そして、学級で認められ理解されて満足していれば、子どもたちの瞳はきらきらと輝き、自分たちの未来に向かって進んでいくので、いじめをすることはないと思います。

日本の教師は仕事が多すぎて大変ですが、子どもを理解するうえでたくさんの仕事がある分、より深く子どもを理解することができるということです。情報が多すぎて、困難さやできないことばかりに目がいき、子育てが不安になってきています。しかし子どもの周りにいる大人たちが、子どもを理解し支えていくために今できる小さなことを重ねていくしかありません。瞳をみつめてにこっと微笑む、これを毎日続けるだけでも子どものサインを受けとめることができ「いじめにさせない」取り組みにつながっていくと思います。

公立小学校でできた実践を紹介させていただきました。拙い実践ですので他にももっとすばらしい実践が多くあると思いますが、もしも何かのヒントになるようでしたら幸いです。教師の一日の時間は限られていますが、一人でも多くの子どもがきらきらと瞳を輝かせるよう、これからも取り組んでいきたいと思います。

「いじめ」につながりかかわる中学生との対話
―その実際と背景を読み解く―

東京学芸大学
成田　喜一郎

ここでは、中学校における「いじめ」を超えるためのホリスティックなアプローチの実際にふれることにします。

1　「中学生のための「社会＝人間交際学」講座―「いじめ」を考える授業―」は、中学生に語りかける文体で構成され、実際の道徳の授業で使われた資料をもとにしています。

2　「実践への経緯と背景―いじめをしていたAさんとの対話を中心に―」は、1の実践が生まれた経緯や背景を読み解きます。

3　「観想的アプローチの可能性」では、1、2の実践や経緯・背景に通底する、論理と証拠で振り返る方法ではない、直観やひらめきなどによってものごとの本質や根源に迫る振り返りの作法について述べることにします。

I．中学生のための「社会＝人間交際学」講座 ――「いじめ」を考える授業 ――

（1）二回目の誕生を迎える中学生のころ

わたしたちは、いわば、二回生まれる。一回は存在するために、二回目は生きるために。

：ルソー（一九八七）

人は二度生まれると言われます。

一度目は母から生を受ける誕生です。

二度目は子どもから大人になるための、自らが自らを生む誕生です。

そして、いずれも陣痛《じんつう》を伴います。

一度目は女性である母の「からだ（身体）」の痛みであり、二度目は男女問わず自らの「こころ」の痛みです。母は陣痛の痛さを憎まない、むしろ、痛ければ痛いほど生んだ赤ちゃんへの愛とつながりは深いとも言います。

中学生の君にも、もうすぐ「陣痛」がやってきます。

（2）「人間交際」に立ち返る

明治時代、"Society"の訳としての「社会」に至るまでいろいろな訳語がありました。

"Society"の訳としての「社会」に至るまで
●様々な訳：交《まじわ》ル　集《あつま》ル　会　結社　仲間　懇《こん》　一致　社中《しゃちゅう》　組　組合　人間など
：齋藤毅（一九七七）
●福沢諭吉『学問のすゝめ』における訳の変化
第九編（一八七四年・明治七年）では、「人間交際」と訳していた。
第十七編（一八七六年・明治九年）では、「社会」と訳すようになった。
：福沢諭吉（一九七八）

君たちが何気なく使っている「社会」という言葉にも歴史があります。かつて、中国で使われていた「社（やしろ）」で「会（かい）」するという意味の「社会」は、宗教的、地《ち》縁《えん》的な人間関係や組織を意味していました。

今、その意味はまったくと言っていいほどありません。それは、明治時代に入って欧米《おうべい》の人や文化との接触《せっしょく》を通じて手に入れた「思想」を、いかにして日本人が日本語・漢字文化に翻訳《ほんやく》して使うのかという努力の賜物《たまもの》だからなのです。

しかし、翻訳の過程における試行錯誤《しこうさくご》を見ると、訳語が定まる前のもとの「思想」がよく見えてきます。「社会」より「人間交際」の方が具体的なのかもしれません。

そして、中学校という「社会」で学ぶ経験は、中学生のための「社会＝人間交際学」であってもいいはずです。

(3) 中学生のための「社会=人間交際学」—たとえば「いじめ」を考える—

「いじめ」をしたことのある人はいますか？

「『いじめ』をしたことのある人、手を挙《あ》げなさい！」と言われて手を挙げることができる人は何人いるでしょうか。ほとんど、いないのではないでしょうか。

「それでは、『いじめ』をしたことのある人、心の中で手を挙げなさい！」と言われて手を挙げる人は何人いるでしょう。その数はあまり増えないのではないでしょうか。

やったことのある人の中に、明確に意識している人の数は多くありません。そのほとんどが、たとえやっていたとしても、いじめていることすら自覚していないことが多いのではないでしょうか。

「いじめ」とはいったい何なのでしょうか。

いじめの定義—二つの辞典を読んでみる—

●「いじめる」とは、〈弱い立場にある者に〉わざと苦痛を与えて、快感を味わう。限度を超えて、ひどい扱いをする。

：『新明解国語辞典（第七版）』

●「いじめること。弱い立場の人に言葉・暴力・無視・仲間外れなどにより精神的・身体的苦痛を加えること。一九八〇年代以降、学校で問題化」「いじめる」とは、「弱いものを苦しめる」

：『広辞苑（第六版）』

前者の方が的を射ているように思います。

「わざと苦痛を与えて」「快感を味わう」「限度を超《こ》えて、ひどい扱い」というキーワードで説明しているところがすごいですね。

後者のいいところは、「精神的・身体的苦痛」「一九八〇年代以降、学校で問題化」といった表現や時代背景の説明でしょうか。

さて、いじめの対象は、「弱い立場にある者」「弱い立場の人」だとあります。

しかし、それはだれが判断するのでしょうか。

「強い」「弱い」は、主観的な判断でどうにでもなります。

いや、判断などしていないかもしれません。やっている本人は無意識のうちに、いじめたくなっていじめていることもあります。「わざと」とありますが、本人はわざとやっていると思っていないこともあります。

「快感」もそれ自体、意識された目的ではなく、無意識のもとでの目的となっていることもあるのではないでしょうか。

だから、いじめについてどんなに論理や理屈《りくつ》の通った話をいくら聞いても、頭で理解したとしても、無意識の行動はとめられないのかもしれません。

自分は「いじめなんかしていない」と思っている人も、もしかしたらやっているのかもしれないのだ、ということだけでも頭のどこかにインプットしておいてほしいと思います。

過去の出来事を思い出し、もしかしたら、あれがそうだったのかもしれないなど気がつければ、一歩前進かもしれません。

「いじめ」をされたことのある人はいますか？

今度は逆に、「いじめられたことのある人、手を挙げなさい！」と言われると、「いじめた人」の場合の質問に比べて手は挙るのではないでしょうか。

でも、いじめられた苦痛を味わった経験をもっていても、手を挙げない人も多いものです。心の中では挙手できる人は、たくさんいるはずなのに……。

それは、なぜでしょうか。

それは、人としての「プライド」があるからかもしれません。「いじめられた」＝「弱い立場、みじめな思いをしている人」というレッテル、もちろん他人から貼《は》られたくないし、決して自分では認めたくないのです。

「いじめ」がしばしば、深刻になるまで親や教師、友だちにさえ「ＳＯＳ！」を発信できないのは、相手から「告げ口をするな、すればもっと痛い目にあうぞ」と言われていたり、そう思わされていたりすること以外にも、これもひとつの理由だと思います。いじめられている子の、ぎりぎりのところにあるプライドです。

「いじめ」を目撃したことのある人はいますか？

そして、「いじめを目撃したことのある人、手をあげなさい！」と言われれば、多くの人が挙手をするにちがいありません。

でも、「そのとき、あなたはどんな行動をとったの？」と尋ねられて、明快な答えを言える人はいないのではないでしょうか。

とめに入った人！

先生や大人に相談にいった人！

この人たちは勇気ある行動が取れた人ですね。

友だちと「どうしたらいい」と相談した人、友だちとそのうわさ話をするくらいで何もしなかった人、結構たくさんいるんじゃないのかなぁ。

いや、むしろ、自己防衛のためにいじめをする側にすり寄ってゆき、いじめに加わっていった人も少なくないはずです。

かつていじめにあって、今いじめをする側に入っている人もいるのでは……？

いじめの構造の問題点は、ここにあります。

●している側にしばしば自覚症状がないこと。
●あってもされている側が「ＳＯＳ！」を発信できない状態に追い込まれてしまっていること。
●される側の人としての「プライド」ゆえに、あえて「ＳＯＳ！」もせず必死で耐《た》えていること。
●周囲の人間が、いじめを助長することや許容《きょよう》することはあっても、有効な対策を考えられず、だれかに相談もできないでいること。

「いじめ」をめぐるシミュレーション

では、いじめられているあの子は、どうなるのでしょう。

いじめの動的な構造とシミュレーション

5	あの子は自殺する（間接的な他殺かもしれない）	最悪・犯罪
4	あの子は病気になる（ストレスが将来、悪い病気を誘発《ゆうはつ》するかもしれない）	疾病《しっぺい》
3	あの子は不登校になるのかもしれない	不登校
2	あの子は自分（個性）を殺す	個性の抹殺《まっさつ》
1	あの子はみんなに合せるようになる	同調行動
○	あの子のいじめは「解決」した!?	「幻」の解決
1	あの子はみんなと新たに別な子をいじめるようになる	いじめの再生産
2	みんなで授業中の発言や討論を抑えるムードをつくる	いじめを支える授業
3	みんなで相互に学び合わない受身の教室をつくる	いじめを支える教室
4	みんなで異なる考えや立場を認めない学校をつくる	いじめを支える学校
5	みんなで異なる考えや立場を認めない地域や日本をつくる	いじめを支える地域や日本

世間では、しばしば、こういう声が聞かれます。

「いじめる子どもが悪い、厳しく制裁《せいさい》を！」

「学校や教師が悪いから、いじめが起こる！」

「家庭の躾《しつけ》がなっていないから、起こる！」

「社会や時代が悪いからだ！」などと言われます。

悲しいことに、本人は心もからだも痛めつけられているのに、追い討《う》ちをかけるように「いじめられる子にも問題があるんだよね！」「やられて当然よ！」などという人もいます。

果《は》たして、それでいいのでしょうか。

なんかだれかを「悪者」に仕立て上げようとしているだけみたいですね。

それで、いじめは解決できるのでしょうか。

答えは、「NO！」です。

では、どう考え、どうすればいいのでしょう？

いじめている子もいじめられている子もまわりにいる子も、決して悪くありません。

もちろん、いじめが犯罪になり、裁きを受けなくてはならない場合は確かにあります。でも、白黒や善悪だけでいじめを捉えたら解決の糸口を見逃してしまいます。

いじめは、人と人とのつながり方そのものなのです。

みんな、人と人とのつながり方を間違《まちが》えているか、別のつながり方があるのに気づいていないのです。

いじめられている子へのメッセージ

まず、「二度目の誕生に伴《ともな》う君の『陣痛《じんつう》』、その痛みが痛ければ痛いほど、その痛みをまるごと受け止めることができるならば、きっと美しい人間になれる」と言いたいと思います。

そして、「夢を持て、希望を持て！」と言いたいです。

かつて、アメリカのキング牧師は「**私には夢がある**」と演説し、黒人差別のない時代や社会を夢みました。その希望は単なる夢にとどまりませんでした。今や夢は実現しつつあるのではないでしょうか。…ドーリー・ラパポートら（二〇〇二）

さらに、「勇気を持て！」と言いたいと思います。相手は遊びのつもりでいて、君が嫌《いや》な思いをしているということに気づいていないこともあります。「やめて！」「いやだ！」「ＮＯ！」と毅然《きぜん》とした態度をとることはできないでしょうか。自分の心の中で「プライド」にしがみつくのではなく、相手に自分の「プライド」を伝えること、気づかせてやることが大切かもしれません。

君は、いじめられて悲しい思いをしていますが、いじめている子はいじめることでしか、君とつながれない悲しい人なんだとも思います。

「ＮＯ！」と言えることは、君自身を救う方法であると同時に、その悲しさから相手も救うことになるんだ。できるだけはやく、相手に君が嫌な思いをしているということを気づかせることです。

それでも夢も希望も持てず、勇気も持てず、何も言えないときはどうしたらいいのでしょうか。でも、あきらめることはありません。

そんなとき、ゆっくりですが、きわめてシンプルで状況の変化・変容が期待できる毎日の過ごし方もあります！（待ちきれない人はすぐに（4）を読んで！）

いじめている子やまわりの子たちへのメッセージ

まず、自分が無意識のうちにいじめているのかもしれない、ということに気づく「勇気」を持つことです。

いじめている人、特に自覚症状のある人は、最悪のとき、罪を犯《おか》すことになることにもつながる行為に関わっているのだ、という認識が大切です。

でも、罪を犯すとまずいから、やめとておくと考えるのではなく、自分の中の怒りや憎しみの種にこころを奪《うば》われることなく、心底、「心から喜び、分かち合える喜びや楽しみ」を探し出すようにこころがけてほしいのです。

ぜひ、「**喜びはいじめを超える**」ことに気づいてほしいです。

長年の習慣は恐ろしく、頭でそのことを理解しようにも、「からだ」が「怒りや憎しみ」に感応するようになってしまっている場合が多いようです。

そんな状態のとき、どんなにありがたい心構えを教えられてもだめです。

分かっちゃいるけどやめられない、などということもあります。

では、どうすればいいのでしょうか。もう、あきらめるしかないのでしょうか。

答えは、「NO!」です。

そんな「怒りや憎しみ」に感応する凝《こ》り固まった「からだ」をほぐす方法があります!（待ちきれない人はすぐに（4）を読んで!）

いじめの側にすり寄ったり、傍観《ぼうかん》したりしている大勢のまわりの人にも「勇気を持て!」と言いたいと思います。

いじめをしている張本人ほど「弱いもの」はないと思ったほうがいいでしょう。自らを制《せい》することのできない、悲しくかわいそうな人間なのです。そうした悲しい人たちに加担《かたん》したり、何もできずにいたりすることは、その悲しい人を救うことができないばかりか、自分もその悲しい人たちの仲間入りをすることになります。

そして、最悪の場合、共犯者になってしまうかもしれません。

小さな「勇気」もたくさん集まれば、大きな「勇気」になるし、いじめに対して毅然《きぜん》と「NO！」と言える仲間を探してほしいです。そこここにたくさんいるはずです。

でも、それができずに引きずられてしまう人もいるでしょう。

そんな人は、小さな「勇気」も持てないのは凝り固まった自分の「からだ」がそうさせているのだ、と思った方がいいでしょう。

だから、君もそんな「からだ」をほぐす作法を毎日やってみるといいでしょう！

徐々《じょじょ》にではありますが、ゆっくりとほぐれてくるはずです。そうすれば、いじめをしているあの人からのプレッシャーや脅威《きょうい》をはねのけるからだができ、気持ちもすわってくるはずです。

(4) 凝《こ》り固まった君の「からだ」をほぐす作法

いじめられている人はもちろん、いじめている人やまわりにいる人も、自分の凝り固まった「からだ」をほぐす作法をやってみましょう。

凝り固まったきみの「からだ」をほぐす作法は、いたってシンプル！

はじめのうちは奇妙に思えたり、奇妙に思われたりするかもしれませんが、毎日続けてほしいです。厳《きび》しい修行でもなければ、難しい苦行《くぎょう》でもないのですから。

凝り固まったきみの「からだ」をほぐす四つの作法《さほう》

①「笑う門《かど》には福来る」―朝起きて朝飯前の高笑《たかわら》い―

・処方箋《しょほうせん》…毎朝起き抜けの、朝飯前に数回笑う。
・おへその下に、笑ったときに堅《かた》くなる「丹田《たんでん》」というところがあります。そこがキーポイント。
ここに、陽気をためるようにイメージしよう。

②「陽気高める呼吸法」―吸《す》っては吐《は》いて吐き切って―
・処方箋…食後以外は時を選ばず、数回ずつ。ふつうに吸って、ゆっくりと吐き切ること数回ずつ。
・呼吸法では、怒り・不安・憎しみなどの気持ちを「吐き切る」ようにしよう。

③「ホ・オポノポノ Ho'oponopono」―自分の「あたま」と「こころ」、そして「からだ」に向かって、「ごめんね」「ゆるしてね」「ありがとう」「愛してる」と続けて声をかけてみよう―
・ハワイに伝わる伝統的な癒《いや》しの作法です。http://hooponopono-asia.org/

④「四天王《してんのう》にお任せ」―多聞天《たもんてん》・広目天《こうもくてん》・増長天《ぞうちょうてん》・持国天《じこくてん》の力を借りる―
・四角い紙の四隅に、右上から時計回りとは反対に多聞天、広目天、増長天、持国天と書き、その中央にもっとも苦手で困っている相手の名まえを書いておこう。
・相手を変えようとか、自分を変えようとか思わず、時々その紙を眺《なが》めてみよう。

①「笑う門には福来る」は、このとおり行うにはかなりの勇気がいります。でも、できるだけ声を出して笑う機会を作りましょう。近年、医学研究の成果として「笑い」は自分の体内の免疫力《めんえきりょく》を高めると言われています。ぜひ、試してみましょう。「大笑い」の対極にある「号泣」も同様の効果があるとか。

②「陽気高める呼吸法」は、ストレスやプレッシャーによる自律神経系の緊張を緩《ゆる》めるはたらきがあります。呼吸は、その大きさ、深さ、長さを意識的にコントロールすることができます。ただし、肺呼吸で

はなく、おへそのやや下にあると言われている「丹田《たんでん》」、腹筋のかたまりあたりで腹式呼吸を心がけましょう。

③「ホ・オポノポノHo'oponopono」は、ネイティブ・ハワイアンの伝統的な問題解決法です。「ホ・オポノポノHo'oponopono」とは、「ごめんね」「ゆるしてね」「ありがとう」「愛してる」を包み込む言葉ですが、それを誰かに向かって言うのではなく、自分で自分自身に向かって言うところに意味があります。

④「四天王にお任せ」は、みずから問題解決への道を探ることに疲れたり、壁を感じたりしたとき、一《いっ》旦《たん》、思考や努力を停止させ、四天王（多聞天・広目天・増長天・持国天）の力に身を任せ過ごす、いわゆる「他力本願」に掛け、現状の氷解《ひょうかい》、融解《ゆうかい》を待つという作法もあります。中央の大日如来《だいにちにょらい》を守る四天王の存在は、仏教思想に基づいた「立体曼荼羅《りったいまんだら》」と呼ばれるものですが、中世キリスト教にも中央のキリストのまわりにマルコ（獅子）・ヨハネ（鷲）・マタイ（人）・ルカ（牛）が描かれた「マンドルラ」というものがありました。ひとの生命を守り支えるために「幽《かす》かな声や音に耳を澄《す》ます」「高いところから広い視野・視点で見る」「ものごとのよさを引き出し活かす」「生きるために必要な環境を整備する」という四つの象徴は洋の東西にまたがる普《ふ》遍《へん》的な存在なのかもしれません。

2．実践への経緯と背景 ――いじめをしていたAさんとの対話を中心に――

この実践は、一九九〇年代末から何回か中学校教諭・実践者Xによって中学一年生を対象に行われた実践です。まだ学級にいじめの予兆が見られない時期に予防的な取り組みとして道徳の時間に、この文章資料を読み合わせながら問答法で行う、中学校の実践としてはきわめてオーソドックスなスタイルの授業実践です。

この実践は、二回目の「誕生」を迎える中学生が理解できる「**いじめの本質**」と「**いじめの動的な構造・シミュレーション**」について、静かなる「**情動**」に働きかけながら「**認知**」を促すこと、また、「いじめ」につながりかかわるすべての中学生の知と心と身体性に作用するシンプルな「**ストレスコーピングスキル**」**（凝り固まったきみの「からだ」をほぐす四つの作法）**を紹介しています。

さて、この実践はなぜ生まれてきたのでしょうか。

その実践者Xが前年度まで二、三年と受け持っていた学年の二年次にいじめをしていた生徒Aさんとの「対話」をきっかけに構想・実践されました。

あじさいを見かける季節になると、実践者Xはその変わりゆく色の鮮やかさとは裏腹に一瞬身体が強ばることがあるといいます。それは、長い教師生活の中でこの季節に幾度か不登校やいじめの発生に遭遇してきたことによるものです。

この実践者Xは、中二から学年主任兼学級担任として学年に入りました。折りしもあじさいの季節を迎えるころ、その学年でいじめが起きました。Aさんを中心とするクラスをこえた複数の生徒たちが、Aさんとは別のクラスの編入生のBさんを無視しはじめ、やがて激しく罵声を浴びせるなど嫌がらせを始めるようになりました。編入当初、明るくはっきりものを言えるBさんでしたが、徐々に気力を失い顔色は青ざめ、授業や昼食のときしばしば保健室に駆け込むようになりました。比較的早い時期にその事実をキャッチできた学年の担任たちは、Bさんについては、じっくりと「対話」を重ね、彼への勇気づけと励ましを続け、Aさんについては担任していた実践者Xが「対話」を持つことにしました。

一年から学年を持ち上がったほかの学年担任は、口をそろえて、Aさんには「負」の意味での存在感があると言います。確かに授業中も教師に対して人を喰ったような態度を取り、発問しても当然知っていそうなことでもただ「わかりません」と答えるだけの生徒でした。しかも、生徒たちの中でもボス的な存在であるAさんが、Bさんに対するいじめの中心人物でした。こうしたAさんの存在は、発言をしようとする子どもたちを威圧するかのように、あるいは「無反応」への同調を誘うかのように授業中の雰囲気を支配していました。

実践者Xは、Aさんを呼んで「対話」を始めました。

実践者X：きょう、君は私に呼ばれたのはなぜか分かるか？
生　徒A：分かりません。
実践者X：そうか……。君に聞きたいことがあるんだ。今、同じ学年の中でとってもつらい思いをしている人はいないかな？　それも君の身近に……。
生　徒A：つらい思いをしている？　身近に？　そんな人いるんですか？
実践者X：いるんじゃないの。君のよく知っている子だ。しばしば保健室にいくという、となりの二組のあの子。

生　徒A：Bさんですか？

実践者X：そう、Bさんのことだ。Bさん、だれかにいじめられているんじゃないのか。

生　徒A：そんなこと知りませんよ。

実践者X：そうかい？（間）このままいけば、Bさんは死ぬぞ！（Aさんの表情をみつめると、少したじろいだ様子をした）

最悪のとき、彼は自殺するかもしれない。いや、それは「他殺」なのかもしれない。（一呼吸）

自殺しないまでも、彼は病気になる。ストレスで胃潰瘍や十二指腸潰瘍になるかもしれない。

いや、病気にならないまでも、学校に来たくなるかもしれないな。（一呼吸）

不登校にならないまでも、今のように保健室で過ごす毎日が続くのかもしれない。（一呼吸）

もしかすると、彼はそれが嫌で自分の「個性」を殺し、君たちと仲よしになるのかもしれない。

そして、まわりの友だちも先生たちも「いじめ」は解決したと思うようになるかもしれない。

（一呼吸）

彼は「みんな」と一緒に新たに別の子をいじめるようになる、かもしれない。

「みんな」で授業中の発言や討論を抑えるムードをつくるようになる。

「みんな」で異なる見方・考え方・感じ方や立場を認めない学級・学年・学校…社会…日本をつくるようになる、のかもしれない。

Aさん、君はどう思う？　Bさんはこの先どうなってしまうんだろう？　君は、Bさんにどうなってほしいんだ！

生　徒A：（しばしの沈黙のあと、Aさんはじわじわと涙を流し始めた）

実践者X：どうして、泣くんだ？　Bさんがかわいそうになったのか？
生　徒A：僕、僕も小学校のころいじめられていたんです。たぶん、今のBさんもそうだと思うけど、学校に来たくなくなったんです、僕も。（Aさんは、小学校のころ、いじめられた苦い体験をとうとうと語り始めた）
実践者X：そうか、君もいじめられた経験を持っているんだね。辛さを思い出したんだね。Bさんの気持ち、本当は君が一番よくわかるのかもしれないね。ありがとう、そのことが分かっただけでも、今日、先生が君と話をした甲斐があったよ。さあ、涙をふきなさい。：成田（一九九七）

その後、実践者Xは、Aさんの周辺にいる子どもたちとも「対話」をしていきました。いじめはすぐにはなくなりませんでした。しかし、学級担任によるBさんへの勇気づけや励ましも功を奏して、徐々にではありますが、Bさんも元気を取り戻し、Aさんたちのいじめも学期がおわるころには消えていきました。

その後、しばらく実践者Xを避けていたAさんに変化が見られはじめたのです。

実践者Xは、ある日、社会科の授業のとき、授業内容に関するミニ・アンケート「キーワード&コメント」をとりました。そのアンケートの最後に「授業内容にかかわらず、今もっとも関心あることや気になることがあったら記入してください」という質問を用意しました。すると、Aさんはこんなことを書いてきたのです。「今、僕が一番目に嫌なのは母から男のくせに……！と言われることです」と。

さらに、別の社会科の授業のとき、当ててもいないのにAさんの方から発言し出したのです。

実践者X：徳川綱吉の出した生類憐みの令で、犬が大切に扱われたことは知っているね。今の中野の駅のあたりに大きな犬小屋があったんだ。中野区に住んでいる人、いますか？（手を挙げる子どもはいない）
生　徒A：（突然）先生、僕は中野区に住んでいないけれど、近くに住んでいますよ。中野にはよく行きます。

実践者Xは、このAさんの自発的な発言にはびっくりしました。Aさんは、実践者Xに対してみずからのことをみずから発信しはじめたのです。

中三になると、Aさんは、授業中に活発に発言するようになったり、進路選択に関してみずから進んで幾度も相談にやってきたりするようになりました。

なぜ、Aさんがこうも変わったのでしょうか。

たった一、二回の担任との「対話」でいじめをしている中学生がその行為を改めるとはなかなか考えにくいと思います。

もし、Aさんにこのような「**主体変様**（**変容**）」を引き起こさせた理由があるとすれば、以下の四点を挙げることができます。

第一に、いじめをしているという事実を前提に直球で事実認定や因果関係の究明を行わなかったことです。Aさんの内面に寄り添いながら、その事実に自ら向き合う機会を促す「対話」をしてきたからです。

第二には、現在行っている行為の事実に焦点化するのではなく、その行為のもたらす未来をシミュレーションすることで、今後起こりうる事態への想像力を刺激したことです。この現在から未来への移行という時間軸上にその行為を位置づけたことです。

第三には、Aさんが過去にいじめられていたという事実を語りはじめたように、現在行っている行為を未来という時間軸上に描いたことによって、自らの過去、すなわちいじめられていた自分を過去という時間軸上に想起できたことです。

第四は、さらにこの実践者Xがカウンセラー・大須賀発蔵氏から東寺の「立体曼荼羅」四天王の存在を教示され、密かに実践していたことです。ある意味、論理と証拠に基づく省察的なアプローチを超えた直観やひらめきに心身を委ねる観想的なアプローチをとったことです。

先の実践事例の背景には、いじめをしていたAさんと実践者Xとの「対話」――未来を描くことによって、現在と過去とのつながりへの気づき――と、東寺の「立体曼荼羅」、すなわち、とかく多弁になりがちな教師を諫める「多聞天」、とかく今ここで起こっている狭小な事実に目がいきがちの教師を諫める「広目天」、とかくそれが善意だとしても短所や欠点に目がいきがちな教師を諫める「増長天」、そして、子どもたちが学び暮らす教育環境へのきめ細かな整備を怠りがちな教師を諫める「持国天」が象徴するメッセージを受け止めながら日々の教育活動を展開したという観想的アプローチが潜んでいました。∵大須賀（一九八七）

3．観想的アプローチの可能性

観想的アプローチとは、一般的な状況の中で論理と証拠をもとに振り返る省察的アプローチとは対極的ないしはそれを補完するアプローチとして存在しています。すなわち、観想的なアプローチは、一旦、論理や証拠は脇においたまま、直観やひらめきなどによってものごとの本質に迫る認識形態のことです。

学校現場では、特に小学校の学習活動の中ではしばしば子どもたちの「気づき」について言及されることがありますが、この「気づき」は、いわゆる「理解」とは異なる位相の、まさに観想的アプローチを意味する言葉であると言っても過言ではありません。

観想的アプローチの作法としては、成人やみずからの意思にしたがって行うことのできる青少年個人の場合、「座禅」や「瞑想」などがきわめて有効な方法です。しかし、ある意味、師の導きなどにより、それなりの修行を必要とすることが多いようです。

中学生が日常的に行うことが可能な作法としての観想的アプローチは、先述した「**凝り固まったきみの「からだ」をほぐす四つの作法**」のほかに、「**SK2コンバート法**」という作法もあります。

「SK2コンバート法」は、姿勢 S-isei、視線 S-isen、呼吸 K-okyuu、言葉 K-otoba に注目します。ときとしてストレスやプレッシャーは、子どもたちに、背筋が曲がり猫背になりがちな姿勢や伏せ気味で泳ぎがちな視線にさせたり、浅く速くなりがちな呼吸にさせ、語彙が減りネガティブな言葉を口にさせたりします。しかし、トラウマなど心に深い傷を負っていない限り「姿勢をしゃっきり伸ばす」「視線を少し上に向ける」「深くゆっくり呼吸をする」「出来るだけポジティブな言葉を口にしたり耳にしたりする」ような機会を設け、その行為を促すことで、そのストレスやプレッシャーを減ずる作用をすることがあります。

これは、近年、アントニオ・ダマシオら脳科学者によって再評価されている「悲しいから泣くのではない。泣くから悲しいのだ」と言ったジェームス＝ランゲ説（W.James, C.Lange）、認知行動療法による方法です。∴西垣（二〇一三）

また、みずから観想的なアプローチを行うことが困難な子どもたちには、教師やおとなとの深い「対話」により観想的なアプローチを促すことも重要です。

その深い「対話」を成立させるためには、パウロ・フレイレ（二〇一一）の「対話」の条件、「愛や慈しみ」「謙虚さ」「信頼や信用」「希望」と隠し味としての「クリティカルな思考＝代替案を伴う批判的な思考」という条件が必要であり、また、「わたくし」と「あなた」との間には深い溝や高い壁（原離隔）があることを認めた上で、「問いかけ」「応答」し続けることが重要です。その「問いかけ」「応答」とは、「尋問」「応答」とは異なる位相のコミュニケーションです。深い「対話」とは、本質的で根源的な「問い」をともに探り、ともに愛し、ともに応答し続けるという息の長いプロセスそのものです。∴吉田敦彦（二〇〇七）

もちろん、これら観想的アプローチにも限界はあります。

一旦、「いじめ」が発覚・発生した場合、学校や教師は法的義務・責任を負わねばなりません。当然、「児童生徒の動静把握」「実態調査義務・全容解明努力」「保護者に対する報告・保護者との協議」のための「事実関係の究明」を行わねばならないことは言うまでもありません。

しかしながら、日常的にか、予兆発見時にか、はたまた事後・次年度の実践的な指導・援助において、観想的アプローチを行う機会を設定していくことが重要です。

また、認知から情動・身体性に働きかけても、また、身体性から情動・認知に働きかけてもなかなか問題解決に至らないトラウマなど深い心の傷を抱えてしまった場合には、「センサリーモーター・サイコセラピー」の理論と方法を有する専門家との協働や専門家の手に委ねることも必要でしょう。…パット・オクデンら（二〇一二）

そうした意味では、1で取り上げた「中学生のための『社会＝人間交際学』講座―『いじめ』を考える授業―」は、決して特効薬などではなく、「いじめ」をしていたAさんとの対話から学んだことを踏まえ、次年度における予察的予防的な取り組み例としての一実践事例に過ぎません。

また、ここでは、「いじめ」をはじめとする子どもたちへの指導や助言に不可欠の協働による組織的対応についてはまったくふれていませんが、「いじめ」への生活指導とは異なる位相で、学級担任や教科担任がひとりでも可能な観想的なアプローチの作法の可能性について言及してきました。

なお、「いじめ」に関する教師や学外の専門家・諸機関等との協働による組織的対応については、教師のライフヒストリーという時間軸に沿って述べた第三章を参照してください。

【参考文献／サイト】
○大須賀発蔵（一九八七）『いのち分けあいしもの―東洋の心を生きる―』柏樹社（東寺の「立体曼荼羅」、意識としての四天王の話）
○齋藤　毅（一九七七）『明治のことば―東から西への架け橋―』講談社
○高尾利数・手塚郁恵・平出宣一・吉田敦彦（一九九六）『喜びはいじめを超える―ホリスティックとアドラーの合流』春秋社
○ドリーン・ラパポート文、ブライアン・コリアー絵（二〇〇二）『キング牧師の力づよいことば―マーティン・ルーサー・キングの生涯』国土社
○成田喜一郎（一九九七）「Ⅳ章　中学校の具体的実践事例　Ⅰ「いじめ」をする二年生・友巳君とのホリスティックな「教育相談＝対話」を中心に」『癒しの教育相談　ホリスティックな臨床教育事例集（４）学級経営に活かす教育相談』明治図書（一三二～一五七頁）
○新村出編（二〇〇八）『広辞苑 第六版』岩波書店
○西垣　通（二〇一三）『集合知とは何か―ネット時代の「知」のゆくえ―』中公新書
○西田元彦・大西憲和（二〇〇一）「笑いとＮＫ細胞活性の変化について」『笑い学研究』第八号、日本笑い学会（一七～二三頁）、三宅優・横山美江（二〇〇七）「健康における笑いの効果に関する文献学的研究」『岡山大学医学部保健学科紀要』第十七号（一～八頁）
○野口晴哉（一九八八）『愉気法Ⅰ』全生社
○パット・オクデンら（二〇一二）『トラウマと身体―センサリーモーター・サイコセラピー（ＳＰ）の理論と実践―』星和書店
○パウロ・フレイレ（二〇一一）『被抑圧者の教育学 新訳』亜紀書房
○福沢諭吉（一九七八）『学問のすゝめ』岩波文庫
○吉田敦彦（二〇〇七）『ブーバー対話論とホリスティック教育―他者・呼びかけ・応答―』勁草書房
○ルソー著、今野一雄（一九八八）『エミール 中』岩波文庫（五頁）
○山田忠雄ら編（二〇一一）『新明解国語辞典 第七版』三省堂

＊

○成田喜一郎（二〇一一）「POST 3.11ストレスコーピングの試み（上）・（下）」Blog「ホリスティック教育研究への誘い―あらゆるひと・もの・ことのつながりとつりあい、つつみこみ、つづく／つづけるために―」
（上）http://blog.goo.ne.jp/jzs03765/e/ef03f1feb3491d77977f4df15352b7e9
（下）http://blog.goo.ne.jp/jzs03765/e/7e6b685aa951bbf0cacf40910089e375
○「ＳＫ２コンバート法という考え方―悲しいから泣くのではない。泣くから悲しいのだ―」『教育家庭新聞blog』二〇〇五年十月五日　http://blog.livedoor.jp/kksweb/archives/50194893.html
○「野口晴哉／整体協会」http://www.seitai.org/index.html
○「ヴィパサナ瞑想法」http://www.j-theravada.net/4-vipassa.html
○「ホ・オポノポノ」アジア事務局オフィシャルサイト　http://hooponopono-asia.org/about_sith/
○「ラフター・ヨガ・ジャパン」http://laughteryoga.jp/
（右記のURLは、すべて二〇一三年四月二七日に参照）

学校図書館は「いじめ」を超えるか
――物語のもつ力を学校図書館がどう伝えているか――

東京学芸大学附属小金井小学校　中山　美由紀

はじめに

学校図書館は単なる読書の館ではなく、本来は学校の中心として存在し、子どもたちの読書生活と学習活動を支える機能を情報的にも空間的にも持っています。「いじめ」について学校図書館がどう関わり、どうのように支援できるのか、勤務している小学校図書館の例を中心に述べてみたいと思います。

Ⅰ．絵本と昔話の「読みきかせ」

低学年に「読みきかせ」あるいはパネルシアターなどで伝える絵本『**まっくろネリノ**』(1)は、まっくろくろだというだけで、きれいな色の兄さんたちの仲間に入れてもらえない小鳥が主人公です。ある日、兄さんたちがつかまって鳥かごに閉じ込められてしまったところ、闇夜にまぎれてまっくろなネリノがしのびこんで助け出します。あとは、いつでも兄弟なかよく一緒で遊び、もうまっくろくろでも、かなしいことなんかないと結んでいます。くろいというだけで仲間外れにされて一人ぽっちでさびしいとか、どうしたらまっくろじゃなくてきれいな色になれるのかと花に尋ねたりするくだりは、ネリノの悩みや孤独が伝わってきます。最後はまっくろでも大丈夫、むしろまっくろだったからこそ、兄さんたちを助けられたという強い自尊感情が持てたことを表しています。幼稚園や保育園でも読んでもらえる良書です。

また、昔話にはいじめや困難を乗り越え幸せになるという話はたくさんあります。もっとも有名なのは「シンデレラ」でしょう。継母や姉さんたちにいじめられますが、魔法使いやネズミや鳥の助けによって舞踏会にでかけ、王子様と結婚するという話です。日本にも昔話に継子いじめの話があります。昔話は人間関係やストーリーも単純で短いですが、様々なことが象徴的に表されていて奥が深いです。日本版「シンデレラ」として「粟福米福」「朝日長者と夕日長者」の二話を四年生に「読みきかせ」をしました。

新潟県の昔話「粟福米福」(2)では、継母が実娘である妹の米福ばかりをかわいがります。継母は山に栗拾いに行かせる時は、粟福には穴のあいた袋を持たせ、米福はその後ろをついていくように言い、袋がいっぱいになったら帰ってくるように命じます。米福は粟福の袋から落ちた栗を拾いさっさと帰りますが、粟福は帰れません。山姥の家に一晩泊めてもらい、山姥は穴のあいた袋をつくろってくれます。次の日、粟福が山姥の髪の毛についたシラミやムカデを取ってあげると、山姥はなんでもほしいものが出るという宝のひょうたんをくれ、粟福は袋を栗でいっぱいにして帰ります。やがて、隣村の祭りで芝居があるという日に、継母は米福だけに新しい着物をつくり、米福だけを連れて芝居を見に行きます。粟福には風呂の水を穴のあいた目かごで汲めといい、大袋にいれた米と小豆をより分けろと命じます。粟福は通りがかりの坊さんや鳥たちに助けられて仕事を終えると、宝のひょうたんで身支度を整え、銭と馬とお供までだして、芝居小屋に向かいます。美しいドレスを着て、御者付きのカボチャの馬車で舞踏会へ行くシンデレラそっくりですね。最後には、芝居小屋で長者の息子に見染められたと迎えが来て、米福と和歌比べをして勝ったのち、長者の家に嫁入りするというめでたしめでたしの話です。

また、鳥取県の昔話「朝日長者と夕日長者」(3)では、朝日長者のもとに来た後妻が実子に跡目を継がせたい思いがあまって病になり、前妻の子であるきろ松の肝を食べれば治ると言われて実父が家人に子殺しを命ずるというなんとも壮絶な継子いじめの話です。代わりに猿の肝を持っていった家人に命を救われたきろ松は、墓から現れた実母からなんでも出てくる紅(くれない)という扇をもらいうけ、夕日長者の屋敷で駄子飼いという牛馬の世話をする下働きを始めます。ここでは身分を明かさず、駄子飼いだから「だか」と呼ばれ(つまり、名前がないということ)、働くうちに一人前の若衆になります。ある日、近くの町で遷宮があると聞いて家の者は、お嬢さん一人を留守番にでかけていきます。きろ松も「おれのような者が参ったって、しょうがない」と残ったものの、やはり気になり、紅の扇を使って衣装と大小の刀、竜の駒（りっぱな馬）を出し、見事な身ごしらえで竜の駒に乗って宮参りに出かけます。その姿を垣間見たお嬢さんが恋の病となり、きろ松が婿に迎えられるという話です。

「シンデレラ」と二つの昔話の共通項は、継母や義理の姉妹のいじめによる下働きや困難、援助者（魔法使い、山姥、亡き実母）、上位の階層を示す麗しい装いと乗りもの（ドレス、姉様姿、若殿ぶり）、人の集まる場所（舞踏会、芝居見物、遷宮）での公衆の注目、高貴な相手（王子様、長者の息子、長者の娘）のひとめぼれ、選考関門（ガラスの靴、和歌比べ、お嬢さんの目利き）を通過してめでたくゴールインというところでしょうか。継母とはいじわるするものなのか、身分の高い人、お金持ちと結婚すれば幸せなのかということを昔話に問うてはなりません。おそらく、人生で出会う様々な試練や褒美、生き方などの象徴なのです。困難な時にもどこかに援助者はいるし、最後には幸せにたどり着けるという希望の灯りを示してくれるようにも思います。

ある時のあるところの誰かという具体的な設定のない話だからこそ、いろいろな年齢、いろいろな状況にある人々にメッセージを送ることができるのが昔話です。はじめに紹介した『まっくろネリノ』も、幼児や小学校低学年向きですが、幼稚園に通う○○ちゃんでなく、あそこに住んでいるあの一家の話という具体的な対象でなく語られているからこそ、「仲間外れにする兄さんたち」「ひとりぼっちのネリノ」「さみしいネリノ」「うれしいネリノ」「自信をもったネリノ」「みんななかよし」が、ストレートに伝わってきます。こういう作品や昔話は図書館としては大変読みやすい。子どものその時の状況を気にせずに、いつでも、読めるからです。

2. 教員に託す作品

具体的な設定が出てくる作品やメッセージ性の強いものは、図書館単独では読めなくなってきます。それでも、ハッピーエンドならまだいいのですが、問題を投げかけて終わるものや結末が悲惨なものは、担任や授業者に託す必要があります。相談して、読む内容を確認し、読む時期を決めた方がいいものもあるでしょう。学級の状況によっては、逆に「いじめ」のネタにされるようなことになっては大変です。

まずは三冊を紹介します。結末はハッピーなのですが、障がいのある子どもが主人公だったり、教師との出会いが人生を変えたりしているので、読もうと思った時は担任の先生に打診をするか、教員自身に「読みきかせ」をしてもらうかにしています。

『さっちゃんのまほうのて』(4) 右手に指のないさっちゃんが幼稚園で「おかあさんになれないよ！だって、てのないおかあさんなんてへんだもん！」といわれて傷ついても、お母さんの愛情あふれる語りかけやお父さんやあきらくん、先生の励ましによって、自分をまるごと認めて元気を取り戻すという絵本です。

『からすたろう』(5) 作者の八島太郎は鹿児島の出身で一九三九年に渡米しましたが、一九五五年に心に残っている日本の風景をもとにして絵本にしました。「ちび」と名付けられ、五年間クラスの誰からも相手にされず、年下にも馬鹿にされた男の子は、六年めに新しくきた先生によって個性を発見され、存在を認められます。学芸会で様々なカラスの鳴きまねを披露しました。先生が彼はなぜそんな様々な鳴きまねができるのか、六年間休まずに遠くの山からやってくる毎日がどんなものだったかを説明したので、子どもたちはどんなにつらく彼に当たってきたかを思い出して、泣きました。大人たちも涙し、彼は立派だったと評価するのでした。卒業した後、少年は町中で会ってもどこか誇らしく「からすたろう」と呼ばれて、どこか楽しそうでした。

『ありがとう、フォルカー先生』(6)　トリシャは数字や文字がくねくねして見えるばかりで覚えられず、読めないことでいじめられます。五年生になって赴任してきたフォルカー先生は、「きみは　じぶんをだめな子だと　おもっているんだね？　かわいそうに。ひとりぼっちで　なやんでいたなんて」「きみはかしこくて、それに　とってもゆうかんだ……」「いっしょに　かえてみよう。きみは　かならず　よめるようになる。やくそくするよ」と、トリシャにあった方法で字を教えてくれるようになるのです。読み書きに困難がある識字障害は学習障害（ＬＤ）の一種ですが、作者はそれを克服して、今ではこのように絵本を描いているのです。作者の自伝的絵本です。

三冊に共通するのは、能力がないとか劣るとかで馬鹿にされたり、いじめられたりしていた者が、能力を引き出したり、認めたりしてくれる人が現れて、自分に自信が持てるようになるという展開です。家族や教師の励ましや導きがどんなに大切だったかを教えてくれています。

次に紹介する二冊は、私が読むことはありません。教師に託している絵本です。

小学校でも中学校でも道徳や学級活動で使うといわれて、教員にたびたび貸したことがあるのが『**わたしのせいじゃない―せきにんについて**』[7]という、小さな絵本です。開くと、泣いている一人の男の子。後ろにいる子どもたちの眼はどこか冷ややかで、さまよっています。次々と語られる「わたしのせいじゃない。だって……」という言い訳。「わたしのせいじゃない」「ぼくのせいじゃないよ。だって、ちょっとしかたたいていない」ある種のマイナスの迫力を持って迫ってきます。後半は、戦争や環境、世界の社会問題を写真で見せることで問うています。これも「わたしのせいじゃない……」と同じように言うのでしょうかというメッセージになっています。この本は、どう自分は感じたか、どうしたらいいかをみんなで考え、話し合いをするのに適しています。個人で聞かれたら子どもにも案内して貸しますが、図書館単独の判断での学級や学年の読みきかせには向きません。やるとすれば、学級の経営、学年の動向に合わせることになります。授業者から話を聞き、図書館はその本の価値として、どこがどう授業で生かされるのか把握しておくことが必要です。

『**わたしのいもうと**』[8]は、松谷みよ子さんのもとに届いた手紙に書かれていた、小四で転校してきた妹がいじめられ、何年も閉じこもり、亡くなっていったという実話をもとに描かれました。「ことばがおかしい」「とびばこができない」「クラスのはじさらし」「くさいぶた」といわれ、遠足も一人ぼっち、とうとう学校に行かなくなった妹を、医者に診てもらうとたくさんのつねられた跡が見つかります。ご飯も食べず、口もきかなくなって、かたくむすんだ妹のくちびるに、かあさんはスープを流し込み、だきしめて、だきしめて、ようやく命をとりとめるのです。その後妹は何年も自室に閉じこもり、本も読まなければ音楽も聞かず、だまってどこか遠くを見ています。ふりむいてはくれません。いじめた子たちは中学生・高校生となって窓の外を通っていきます。鶴を折りはじめた妹はある日ひっそりと死にました。「わたしをいじめたひとたちは もう わたしをわすれてしまったでしょうね」という言葉を残して。

このあまりにも痛々しく救いのない本を私は読みきかせたことはありません。週に一時間の「図書の時間」にしか出会わない私には、投げかけた後の子どもたちをフォローできないと考えるからです。実は館内に置くことすらできませんでした。個人で持っていたので教員には提供したものの、児童が何気なく手に取ってしまうことにためらいを感じていました。先に紹介した『わたしのせいじゃない―せきにんについて』というようなタイトルなら、手にする時におそらくそれなりの覚悟があるでしょう。しかし『わたしのいもうと』では、どうでしょうか。シリーズ名「新編・絵本平和にために8」や味戸さんの絵の悲し気な青黒い色調に、背中だけしか描かれない妹の悲しみ、家族の悲しみが現れてはいますので、手に取る子はそれなりの覚悟ができるでしょうか。

この本を教師が学級の子どもたちに読むとなると、それはそれは大変な覚悟が要ると思っています。実際、中学校の道徳の教科書にも載っていたとウェブサイトでの書き込みがありますが、学級の状況、取り上げ方によっては、教員の発問に対する子どもの答えも教室内の人間関係が影響してくるかもしれません。感じる子には感じられることが、感じとることを拒否している子にはこの本ですら届かないのではないかと思う過酷な状況があるかもしれないのです。

しかし、いえ、だからこそ、この本に救いがあるとすれば、読み終わった人がその後をどうするかなんだと思えるようになってきました。アマゾンのウェブサイトのカスタマーレビュー(9)に、小学生でいじめられている時にこの本読み、妹が短い生涯を閉じることになってしまった理不尽さと自分もそうなってしまうかもしれない恐怖に涙し、この子の分まで生きようといじめに立ち向かうことができたと書き込みをしている人がいました。さらに、この本と出会わなければ私に今はなかったかもしれないとまで書いていました。一人でこの本に出会ったときにこそ、向き合えるのかもしれません。今度はあえて、館内に置こうと決心をした次第です。

3. 学校図書館が居場所になるという幻想

さかなクンの『**さかなのなみだ**』(10)という絵本があります。「さかなの世界にもいじめがある」という書き出しで始まり、メジナの群れについて象徴的な出来事が書かれています。狭い水槽に群れを入れると、一匹が仲間外れになって攻撃され、その一匹を他に出しても、いじめっ子を出しても、新たにいじめられっ子やいじめっ子が現れると書いてありました。「広い海のなかなら、こんなことはないのに小さな世界に閉じこめるとなぜかいじめが始まるのです」この後、中学時代に仲間外れにされた子と釣りに行ったエピソードや、小さいときから好きなことに打ちこんできたさかなクンの生い立ちが、あとがきにさりげない励ましとなって語られ、最後はイラストとともに「広い海へ出てみよう」と結ばれる、年齢を問わないよい絵本でした。

教室で凝縮されて濃くなっている人間関係を、学校図書館は空間として薄めてくれる避難場所となっていることも実際にはあるでしょう。平成一〇年度の文部省の学校図書館パンフレットには「心のオアシス」、平成二一年三月の子どもの読書サポーターズ会議の「これからの学校図書館の活用のあり方について」の中では「心の居場所」という言葉が図書館の働きとしてあがっています。しかし、はたしてどうなのでしょうか。

保健室登校だった生徒を一時預かって、一緒に図書館の本の整理作業をしたこともあります。古い本を整理している時に、その子がこの本おもしろそうだねと言うので話しが弾んだりしました。借りていって読んできたこともありました。やがて彼は、学年の先生方の支援もあって教室に戻っていきました。しかし、よく考えてみるとそれは図書館がまだ活用されてない頃だったからで、今勤めている学校のように図書館が空いている時間の方がわずかというところではできないことです。空間的な第二の保健室にはならないのが本来の姿でしょう。

福田隆浩の『ひみつ』[11]という小説には、表立っては何事もないように見えていた学級が実は陰湿ないじめが蔓延していたことがじわじわとしみ出てくるように描かれています。転入生の明里（あかり）は、夏休み中に図書室で会った女の子が九月には事故で入院したことを知ります。何かがおかしいと気づいた時、図書室でその子が好きだったというトルーキンの『ホビットの冒険』に落書きを発見します。しかもその子のお気に入りだったゴクリが登場する頁には、三〇、五〇以上もゆがんだ顔文字が書きつけられていました。数ページにわたる落書きの中には、消した後にまた新たに描かれたと思われる顔文字もみつかり、一カ所だけ、文字が読み取れました。ゴクリの登場するところに書かれた言葉、「アンタミタイニ キモクナイ?」

小説とはいえ、その図書室に常駐する司書や司書教諭がいなかったからだよとの言い逃れはできないでしょう。教室では教師がほんの少しよそを向いている隙に、いじめる子たちは給食にゴミや虫をいれたり、コンパスやマチ針で背中を刺したりするのですから。学校図書館ですら、いじめの現場になりうるのです。しかも、空想の世界や叡智の世界へいざなってくれるはずの本を道具として。

明里がその本を教師に見せようとすると、その本はなくなっていました。最後には前の学校でいじめる側だったからこそ、その中にいたら必ず私はそうしていたと明里は学級の偽善をあばいて、校長先生や教師たちに証拠をつきつけます。教師をやっていく自信がなくなったと塾教師をやっている元担任も出てきます。もはや単純にいじめる子といじめられる子という図式では描けないいじめの世界、戸惑う教師の姿が描れています。作者は現役の教師であり、鋭い問題提起をしている小説だと思います。

4. 子どもたちが希望を手に取るために

図書館はそもそも世の中のことすべての情報を扱う、もとからホリステックな存在だということができます。様々な話題やテーマについて取り上げ多様な視点で情報の提供をしていきます。学校では図書館として、積極的に〈いじめ〉キャンペーンをはれないと思います。この本を読むといいとか、救われるとかを校内全体に向かって積極的に発信はできないでしょう。日々、危うい均衡を保ちながら学校に来ているかもしれない子どもたちには余計な刺激はマイナスになります。図書館ができることは、さりげなく、様々な本を棚に並べ、世の中には様々な価値観があってものの見方は一つではないことを、子ども自身が見つけてくれるようにしておくことです。そして、力のある物語やノンフィクションを読むことで、苦しみや悲しみを共にしたり、困難に立ち向かったり、夢を実現して喜んだりという体験ができるようにしてあげることでしょうか。ほっとするひとことや力づけられるひとことを見つけられるようにしてあげることでしょうか。

先日、こんな言葉を見つけました。「自分の傷を癒す最良の薬は、他人の傷に包帯を巻くことだ（作者不詳）」。名言集『**ひと言でいいのです**』[12]にあった言葉です。美しい詩の一節からスヌーピーのつぶやきまで、時代や国を問わずに集めた言葉が「わたしを生きる」「あなたと生きる」「ここに立って」「天を見上げて」の四つの章にまとめられています。また、中学生、小学生にも人気のロングセラーに小泉吉宏の『**ブッダとシッタカブッダ**』[13]があります。ものの見方が変わると心が軽くなることを教えてくれる四コマ漫画です。物語や文学、学習に必要な本の他に、哲学系とでもいいましょうか、生き方や心の動き、人生訓、伝記といった、自分を見つめ、自分形成していくジャンルの本との出会いも図ります。

個人で図書館に相談にくれば、その子の求めているものをよく聞きとって、本を手渡します。一学級や一学年など全体に本の案内をする時は、昔話やすぐれた物語の他にも、ある出来事やある人生を通して、生き方や価値観をつかみとってほしいとあえてノンフィクションを紹介することもあります。一見すると何でもない本の紹介や「読みきかせ」のようにみえるかもしれませんが、実は子どもたちの発達段階や興味関心、学習内容、そして子どもたちへの願いもこめて、考えて紹介しているのです。

夢を持つ人をテーマにブックトーク(14)をしてみました。(15)差別と闘う人も登場します。

ブックトーク「あなたは夢を持っていますか?」

人はそれぞれ、いろいろな夢を持っていると思いますが、今日はこんな夢をもっていた人もいたということで本の紹介をしてみます。

アメリカ合衆国には「私には夢がある!」“I have a dream !”という言葉から始まる有名な演説をした人がいます。知っていますか? そうです。キング牧師です。彼は人種差別撤廃を訴え、公民権運動をしてノーベル平和賞を贈られた人です。

“I have a dream !”で始まるこの演説の中でいう彼の夢は何だったでしょう……。

この本を読むとわかります。彼の生涯を有名な言葉とともにコラージュで絵本にしました。

『キング牧師の力づよいことば―マルティン・ルーサー・キングの生涯』

ドリーン・ラパポート文　ブライアン・コリアー絵　もりうちすみこ訳

国土社　二〇〇二年

（一冊、読みきかせ）

あの（差別の残る）アラバマでさえ白人の少年少女と黒人の少年少女が一つのテーブルをともにすることが彼の夢だったのです。

キング牧師からさかのぼること約一〇〇年前、その時も人種差別と闘った大統領がいました。そうです。リンカーン大統領ですね。

「人民の人民による人民のための政治」という有名な演説をした大統領です。平等な民主主義の社会をつくるという夢の実現のために尽くした大統領として有名です。

当時、アメリカ合衆国は黒人奴隷の解放をめぐって南北戦争の戦いがありました。綿花の栽培など農業をする南部は奴隷制度を擁護し、工業の盛んな北部は奴隷解放を訴え、戦いました。

その時の黒人と白人の少年兵の話がこの絵本です。

『彼の手は語りつぐ』

パトリシア・ポラッコ著　千葉茂樹訳

あすなろ書房　二〇〇一年

傷ついた白人の少年兵セイを、黒人少年兵のピンクが助け出します。

誰もいなくなった農園主の敷地に残っていたピンクの母モウモウベィの介抱で快復する間に、二人はいろいろな身の上の話をします。

ピンクの願いは……

二人が引き離される場面が、表紙にもなっていますが、この手のシーンです。

憧れのリンカーン大統領と握手したセイの手をにぎるピンクの手です。

当時の国民のリンカーン大統領への憧れは、相当なものだったのですね。

彼のトレードマークは、りっぱな「あごひげ」ですが、そのひげをはやすことになったきっかけはなんだったか知っていますか？　さて、次のうちのどれでしょう？（三択クイズ）

1．あごの傷かくし

2．ひげのそりわすれ

3．ファンレターをもらった

正解は3．ファンレターでお願いされたからなのです。

手紙を出したのは、グレス・ベデールちゃん一一才。

この出来事で「リンカンの小さな女の子」として有名になった彼女の生涯を描いた本がこれです。

『リンカンがひげをはやしたわけ―開拓期を生きた少女の話』

フレッド・トランプ著　宮木陽子訳

偕成社　一九九七年

ペデールが書いた手紙はこんな手紙でした。（読みあげる）

これにリンカーンはちゃんと返事をかきました。（読みあげる）

（ひげのないリンカーンとひげを蓄えたリンカーンの写真を拡大して見せる）

今も、熱い大統領選の闘いぶりがよくわかりますね。

そしてリンカーンは見事に当選。

就任式に向かう途中、ウェスト・フィールド駅でペデールに会い、キスをしてくれるのです。

少女にとって、夢のような出来事になりました。

ペデールはその後、教師となり、アメリカ合衆国の教育に貢献しました。

その生涯がこの一冊になっています。

リンカーンは一六代大統領ですが、その二代前、一四代大統領はフランクリン・ピアスという人でした。ピアスは、もともとアメリカに住んでいたネイティブ・アメリカン（インディアン）たちの土地を買収し、彼らを荒れた奥地へ強制移住させた大統領です。

先祖代々住んできた土地を離れる時、大酋長シアトルは夢というか、願いをこめて演説したとされています。それを絵本にしたものがあります。

『父は空　母は大地―インディアンからの手紙』

篠崎正喜イラスト　寮　美千子翻訳

パロル舎　一九九五年

（部分、読みきかせ）

ネイティブ・アメリカンは、大地や川や風にも、魂があるとする自然への考え方を持っていて、日本人と大変よく似ています。

白い人（白人）に、どうか私たちが愛したようにこの大地と自然を愛してほしいと夢を託すのです。しかし、白い人は彼らの聖地ブラックヒルズの中のラシュモア山に一九二七年から一四年かけて四人の大統領の顔を彫らせました。リンカーン大統領がそうと知ったら、どう思われたでしょうね。

（写真を見せる）


ブラックヒルズのあるサウスダコダ州はアメリカ合衆国のほぼ中央、カナダ寄りにありますが、そのまま地図で南下すると『オズの魔法使い』で有名なカンザス州があり、その南にテキサス州があります。このテキサス州には、今も宇宙に憧れる人たちの夢をかなえる都市があります。宇宙に向かってロケットが発射されるNASA（アメリカ航空宇宙局）のヒューストンです。

宇宙飛行士になりたいという夢を持つ人は多いと思いますが、高校時代に夢中になったロケットづくりの夢が高じて、NASAの技師になった人がいます。その自伝が『**ロケットボーイズ**』です。

『ロケットボーイズ　上・下』
ホーマー・ヒッカム・ジュニア著　武者圭子訳
草思社　二〇〇〇年

一九五七年、アメリカの上空をソ連の人工衛星スプートニクが通ると言うので、ホーマーの住む炭鉱の町は大騒ぎ。夜空に輝くスプートニクを見て、四人の高校生がぼくらもロケットを作ろうと夢を追いかけ始めます。親に反対されたり、失敗して町中の笑いものなったりしますが、努力を重ねて科学フェアにも参加。次第に傾いていく炭鉱の町で、彼らは「ロケットボーイズ」と呼ばれ、夢と希望を与える人気者になっていくのです。

映画化され「遠い空の向こう」というタイトルになっています。

夢を持っている人を追いかけて本を取り上げてみたら、なんだかアメリカの歴史になっていました。オリンピックのある年は、四年ごとに行われるアメリカ大統領の選挙がある年でもあります。

『朝日学習年鑑　二〇〇四』の学習編には、アメリカの歴史上の主な出来事がこのように図解され（拡大して見せる）、アメリカ特集が組まれています。

アメリカンドリームという言葉もあるように、長い歴史のあるヨーロッパから比べれば、身分や家柄、硬直した社会のシステムにとらわれない、様々な可能性がある「自由と平等の国」と言われています。貧しい家に生まれて大統領になったリンカーンや、一代で大財閥となったロック・フェラーもいますが、一方で先住民や黒人の差別、移民の問題など、今もひきずる社会課題や困難を持っていることもまた、事実です。だからこそ、それを克服する夢を持とうとするのかもしれませんね。

さて、今のあなたはなにか夢を持っていますか？

Do you have a dream ?

（二〇〇四年秋に作成したものを再現しました）

●「いじめとは何か」を知る本

いじめとは何かを知ろうと思ったら、たくさん本もでています。社会学者、心理学者、カウンセラー、教育評論家、精神科医、新聞社、体験者から、実に様々な本が出ていました。よく引用されているのが東京都児童相談所 児童心理司山脇由貴子氏の**『教室の悪魔』**[16]で、なぜいじめは大人に見えないのかという子どもの心理を事例から紹介し、いじめの責任追及といじめを解決することは別のことという親への対応が印象的でした。山脇氏の本は、親としてどうしたらいいのか手がかりを得られると思います。続編ともいうべき**『震える学校』**[17]では、もはや教師までもがいじめの対象となっている事例や日常的な些細な苦情処理に追われる学校例など、学校が健康な学校として機能していないことが解決能力の低下の原因となっているとの指摘もあり愕然としました。

基本の入門書は内藤朝雄の**『いじめの構造―なぜ人が怪物になるのか』**と森口朗の**『いじめの構造』**という二冊の新書でしょう。いじめ研究の第一人者・内藤朝雄氏は学校という制度の中で起こる出来事としていじめの構造を明らかにしようとしています。後半に学級制度を廃止せよ[18]、と宣言されています。森口朗氏は内藤朝雄氏の心理学的な理論をわかりやすく平易に説明する試みをし、「スクールカースト（クラス内ステータス）」という概念を取り上げ「いじめの仕組み」に迫ります[19]。二〇一二年一二月にはその名もズバリ、鈴木翔の**『教室内《スクール》カースト』**[20]が出版されました。「クラスメイトのそれぞれがランクづけされている状況」[21]が、メディアや教育評論家の間でスクールカーストと呼ばれているものです。「いじり」や「いじめチックなこと」が現実にあり、「なんとなく下に見られているという感覚。『加害者』はもちろんのこと『被害者』ですら、『これ、いじめか？』と思うようなことの連続」[22]となっている学校生活について、同学年の生徒間の力関係、ランクづけの実態を明らかにしようとするものです。インタビュー調査や質問紙調査を子どもだけでなく、かつてをふりかえる大学生と教師にも行った大学院修士論文が元になっています。一般向けに読みやすくまとめて本にし、指導教員である社会学者の本田由紀氏が解説を書いています。二〇一三年三月にはすでに六刷りになっているので世間の関心の高さがうかがえます。

岩波ジュニア新書**『いじめを考える』**[23]は、話がしたいとやってきた高校生相手に対話しながら、〈いじめ〉とは何かを明らかにしていきます。歴史的視点、社会構造から考えると過去には一体どんな姿であったのかと探っていくと、「差別」や「人権」「体罰」という問題が浮かび上がってきます。マスコミの報道の印象ではいじめや自殺は増えているかのようですが、統計や集計の結果から、実際は減っているとも指摘をしています。いじめの深層を探りつつ、問題解決のための考える手順や方法をあげています。子どもたちに薦めたい一冊です。

このほか、ネット上のいじめを取り上げている**『ネットいじめ　ウェブ社会と終わりなき「キャラ戦争」』**[24]や**『子どものための『ケータイ』ルールブック』**[25]、いじめを描いた漫画

『ライフ』を分析しながらいじめを読み説く『学校は死に場所じゃない』(26)など、ネット社会や漫画文化に現れるいじめについても取り上げられている本があります。『教室《スクール》内カースト』の中でも、漫画や小説からも多くの事例が取り上げられています。

●小説に描かれるいじめ

大人の世界をすり抜ける子どもたちのいじめの世界の実態は、小説や漫画にこそ浮かび上がっているように思えます。漫画についてはまたの機会に譲るとして、小説については東京学芸大学附属学校の中学校図書館の司書たちから次のような作品をあげてもらいました。「先生は知らない」「先生は気づいていない」という表現の何と多いことでしょう。気づいていないふりをして、実は気づいている教師のことを子どもたちが気づいていないだけかもしれないのですが……。

*

東京学芸大学附属学校の中学校図書館司書のセレクト

①山田詠美『風葬の教室』（河出書房新社　一九八八年）
異性を意識しはじめた高学年女子特有の心理、イジメにあうことで、急激に大人びていく主人公の心理を描いた作品。（村上恭子）

②林慧樹『いじめ　14歳のmessage』（小学館　一九九九年）
一四歳の著者が学校でのいじめ体験を基にえがいた小説。いじめに至った経緯や結末が悲しいです。友人がいじめられ、かばったために自分が標的になり、いじめられた一四歳の少女のお話。盲目の少女と友人になり、心をゆるすが……（岡島玲子）

③瀬尾まい子『温室デイズ』（角川書店　二〇〇六年）
いじめにあう子、いじめる子、さらにはいじめをうむクラスの雰囲気がリアルに伝わってくる。（渡邊有理子）
小学生のとき学級崩壊をし、いじめっこだった少女が、中学でいじめはよくないとみなに言ったら、いじめられるようになりました。友人も助けたいがいじめをみるのがつらく、不登校になり、先生も自分を守ってくれず、少女がいじめにたちむかっていくお話。この本を読んだ子供たちは、いじめを傍観することもいじめにつながると知ったと言い、自分だったらどうするか考えたと言っていました。（岡島玲子）

④辻村深月『ロードムービー』（講談社　二〇〇八年）
クラスのなかでどのようにしていれば自分がいざこざに巻き込まれず過ごせるのか、自己防衛と孤立への恐怖心が垣間見えてくる。（渡邊有理子）

⑤川上未映子『ヘヴン』（講談社　二〇〇九年）
すさまじいイジメの現実を描いたこの作品は、中学生にこちらから手渡すことにはためらいを感じます。けれども『ヘヴン』というタイトルと地味な装丁に何か心惹かれ、自ら手にとるなら、読んで欲しい……そんな思いで、棚に並べた一冊です。（村上恭子）

⑥辻村深月『**オーダーメイド殺人クラブ**』（集英社　二〇一一年）

鬱陶しい親の存在。親しいはずのグループでのイジメ。身勝手な存在としての教師。中二の主人公は誰にもわかってもらえない自分を支えるかのように、新聞から中高生の起こした悲惨な事件を切り抜き、机の中にため込む。そんなある日、日頃寡黙なクラスメートの過激な行為を目撃し……。この本に強く共感を覚える中学生がいることを、先生には知ってほしい。（村上恭子）

私（中山）からは、重松清の作品と小学校中学年向きのロングセラー一冊を紹介しておきます。

⑦重松清　作品から

『**ナイフ**』（新潮社　一九九七年）

ある日突然「ハブ（無視）」されてしまったミキ、転入生エベス君に「親友だろ」といわれながらいじめ受けることになってしまったひろし、息子がいじめられている、妻が教師を糾弾しようしていると気づいた父親、夫の苦悩。家族をめぐる人間関係をも書きこむ短編五作品を収める。

『**十字架**』（講談社　二〇〇九年）

いじめで自殺したフジジュンは遺書に四人の名前を挙げ、「僕」には覚えのない感謝の言葉を残した。中二で起こった事件のその直後の混乱と、二十年の歳月を描くことで、残された者たちの背負う「十字架」を描く。フジジュンは自殺したその日、学校の図書室にある本を返却していた。

他に、『**エイジ**』（朝日新聞社　一九九九年）、『**青い鳥**』（新潮社　二〇〇七年）、『**かあちゃん**』（講談社　二〇〇九年）も、いじめが題材である。『**きみの友だち**』（新潮社　二〇〇五年）では、学校がいかに過酷な場かが浮かび上がり、その中で「ほんとうの友だちとは？」を問いかけている。

⑧エレナー・エスティス著　石井桃子訳『**百まいのドレス**』（福音館書店　二〇〇六年）

人気者ペギーは先頭になってクラスみんなで貧しい移民の子ワンダをからかう。ある時、ワンダは百枚のドレスを持っているといい出し、ますますひどくなっていくいじめ。ペギーの親友マデラインはこんなことはよくないはずだと悩む。一九五四年に『百まいのきもの』として出版されたものの改訳新版であるが、全く古さを感じさせない。小学校中学年からやさしく読める短い小説でありながら、いじめをめぐる子どもたちの姿や気持ちを深いところまで表現している。

＊

いじめをめぐる出版物は理論やレポートも小説も、世間で話題になったいじめのピーク時には、多くの出版物がでてきました。それらに共通していることは「大人にはわかりにくい実態」ということでしょう。教師にはわからないように行われるいじめ、もしくはいじめとはいえないかもしれないけど確実にうけるダメージがある教室の実態。親には心配をかけたくない、明かしたくないいじめのSOS。共同通信大阪社会部の『**大津中2いじめ自殺**』(27)の詳細な取材レポートを読んでもなお、真相は幾重にも重ねられたオブラートに包まれている感じはぬぐえませんでした。大人には見えない部分が大部分というのであれば、大人がそれらを描く小説や漫画を読むことで、現実には隠されている子どものメッセージが受け取れるようになるのかもしれません。

注

(1)ヘルガ=ガルラー著　矢川澄子訳『まっくろネリノ』偕成社　一九七三年

(2)稲田和子・筒井悦子『子どもに語る日本の昔話2』こぐま社　一九九五年 pp.56-65

(3)稲田浩二・稲田和子『日本昔話百選　改訂新版』三省堂　二〇〇三年 pp.329-341

(4)たばたせいいち　先天性四肢障害児父母の会　のべあきこ　しざわさよこ 共同制作『さっちゃんのまほうのて』偕成社　一九八五年

(5)やしまたろう『からすたろう』偕成社　一九七九年

(6)パトリシア・ポラッコ著　香咲弥須子訳『ありがとう、フォルカー先生』岩崎書店　二〇〇一年

(7)レイフ・クリスチャンソン著　ディック・ステンベリ絵　二文字理明訳『わたしのせいじゃない—せきにんについて（あなたへ6）』岩崎書店　一九九六年

(8)松谷みよ子著　味戸ケイコ絵『わたしのいもうと』偕成社　一九八七年

(9)tako「ずっと さがしていた」カスタマーレビュー「わたしのいもうと　新編・絵本平和のために」Amazon.co.jp 本 http://www.amazon.co.jp/product-reviews/4034380500/ref=cm_cr_dp_synop?ie=UTF8&showViewpoints=0&sortBy=bySubmissionDateDescending#R2EL7FNPQO54PV [2013. 3. 31参照]

(10)さかなクン『さかなのなみだ』二見書房　二〇〇七年

(11)福田隆浩『ひみつ』講談社　二〇一一年

(12)吉川直美編著『ひと言でいいのです』いのちのことば社フォレストブックス　二〇一二年

(13)小泉吉宏『ブッダとシッタカブッダ　全3巻』メディアファクトリー　二〇〇三年

(14)あるテーマで関連する本を何冊か選び出し、つながりをつけて紹介する読書案内の手法。

(15)東京学芸大学学校図書館運営専門委員会（二〇一二）「あなたは夢を持っていますか?」『先生のための授業に役立つ学校図書館活用データベース』「http://www.u-gakugei.ac.jp/~schoolib/htdocs/index.php?active_action=journal_view_main_detail&post_id=240&block_id=115&comment_flag=1#_115 [2013. 3. 31参照]

(16)山脇由貴子『教室の悪魔』ポプラ社　二〇〇六年

(17)山脇由貴子『震える学校』ポプラ社　二〇一二年

(18)内藤朝雄『いじめの構造—なぜ人が怪物になるのか』（講談社現代新書）講談社　二〇〇九年　p.199

(19)森口　朗『いじめの構造』（新潮新書）新潮社　二〇〇七年 p.0190

(20)鈴木　翔『教室内（スクール）カースト』（光文社新書）光文社　二〇一二年

(21)同上　p.27

(22)同上　p.65

(23)なだいなだ『いじめを考える』（岩波ジュニア新書）岩波書店　一九九六年

(24)荻上チキ『ネットいじめ』（PHP新書）PHP研究所　二〇〇八年

(25)目代純平『子どものための『ケータイ』ルールブック』総合法令出版社　二〇〇二年

(26)藤井誠二『学校は死に場所じゃない』ブックマン社　二〇〇七年

(27)共同通信大阪社会部『大津中2いじめ自殺　学校はなぜ目を背けたのか』（PHP新書）PHP研究所　二〇一三年

＊なお、本文に挙げた図書の選定に関しまして、東京学芸大学附属学校の司書部会の皆さんと私立中学校司書教諭遊佐幸枝さんにご示唆いただいたものも多く取り上げました。ここに感謝の意を表します。

第2章

喜びは「いじめ」を超えるか

ホリスティックなアプローチの理論と方法

いじめを問題にする発想法の転換
――問題排除型から喜び創出型へ――

大阪府立大学　吉田　敦彦

はじめに

国連子どもの権利委員会は二〇一〇年六月、第三回日本政府報告書の審査の総括所見を発表しました。第七〇パラグラフでは、「いじめ、自殺」に関して次のような言及があります。

「（懸念事項）高度に競争的な学校環境は、就学年齢にある児童の間で、いじめ、校内暴力、精神障害、不登校、中途退学、自殺を助長している可能性があること。」「（勧告事項）質の高い教育と児童を中心に考えた能力の育成を組み合わせること、及び極端に競争的な環境による悪影響を回避することを目的とし、学校及び教育制度を見直すこと。」

つまり、「いじめ」を解決していくには、その背景にある高度に競争的な学習環境から変えていく必要があることを指摘しています。いじめは、対処療法的に抑え込めるものではなく、現在の学校および教育制度そのものの見直しを迫るものだと受けとめられているわけです。

他方、文部科学省は平成二四年（二〇一二年）九月に「いじめ、学校安全等に関するための総合的な取組方針」基本方針を出しました。これまでも、いじめに関連した自殺が表面化し、社会問題化する度に、同様の対応方針が出ています。今回も、「いじめは決して許されないことであり、その兆候をいち早く把握し、迅速に対応することが必要である。」「いじめが起きることを未然に防ぐため、日頃から、学校の教育活動において、社会性や規範意識、思いやりなど、子どもの豊かな人間性を育むことが必要である。」「『いじめ』は犯罪行為にあたる可能性があるとの認識の下、学校と警察の連携強化を図る。」等としています。いじめの早期発見・迅速対応、道徳教育の強化、警察と連携した厳格な処罰などが特徴的です。すなわち、学校や教育制度そのものに問題があり、その結果としていじめという症状が出ている、という発想ではなく、いじめという症状を、生徒の人間性がもつ問題の発現として捉えて、その「犯罪行為」をいかに許さずに抑え込むか、という発想で対応強化策を考えています。

本章で考えてみたいのは、「いじめ」という悪いことをさせないために、どう抑え込むか、というマイナス面に焦点を当てたネガティブな発想から、いじめなんかつまらなく思えるほどの、もっと生き生きとした喜びを創り出そうという、ポジティブな発想への転換です。まず、筆者が経験した、いじめを知らないメキシコの学校の子どもたちの発想と生き様の具体例を紹介し、そのうえで、私たちの発想の仕方を転換していく方向性としての、ホリスティックなものの見方、発想の仕方について考えてみましょう。

1．いじめを超える喜び—メキシコの教育現場から

（1）「いじめるよりも、仲良くした方が楽しいのに」

「いじめ」が話題になるたびに思い出すエピソードがあります。一九八〇年代半ばのメキシコでのこと。メキシコ・シティにある幼稚園から高校までのメキシコ人が学ぶ学校（日本メキシコ学院メキシコ・コース）で教師をしていました。日本から送られてきた新聞にあった「葬式ごっこ、いじめによる自殺」の記事にやるせない思いを抱え、思い切って高校一年生の「日本語・日本文化」の授業でその記事を配りました。読み進めるにつれ、いつも愉快でにぎやかな教室に沈痛な空気が流れます。そして、一人の生徒が「わからない」とつぶやきました。「いじめ」がわからない。メキシコの言語への適当な訳語もなく、あれこれと説明を加えてみましたが、みんな首をかしげています。

そのとき、またある別の生徒が、ポツリと言いました。「わからない。だって、仲良くした方が楽しいのに。どうして楽しくないことをわざわざするの？」「そうそう、それがわからない」と相づちが広がります。

ハッとしました。「いじめるよりも、仲良くした方が楽しいのに」。高校生の、このあまりにストレートで素朴な言葉に、ハッとして絶句しました。いじめ問題というものを考える筆者の頭のなかには、こ

んな発想がなかったのです。でも、そのあとすぐに、まさにその通りだと納得しました。

いじめへの対策を考えていくときには、いじめという行為が悪い行為であるということを頭で理解し、いじめたくなる衝動（からだ）をいかにして（あたまで）抑えるか、という方向で発想しがちです。悪いか悪くないか、で考え、楽しいか楽しくないか、で発想しない。「悪いことをさせない」と発想し、「もっと楽しいことをする」とは発想しない。悪いことをしがちなからだを、あたまで抑圧しコントロールすることを教える。その発想の延長線上では、「いじめ追放対策」を打てば打つほど、悪循環を生むばかりでしょう。いじめには、あたまに抑圧されたからだのストレス発散という側面があるからです。

(2) どれだけ深い喜びを楽しめるか

いじめる「楽しさ」、人をあざけり笑い支配する「楽しさ」。「むかつき」をいじめによってスカッとさせる「楽しさ」。それに対して、仲よくする楽しさ、つながり共感し合う楽しさ＝喜び。いじめなんかよりも、もっと深くて後味のよい喜び。いじめなんか、ほんとは面白くない、と感じるだけの喜びの経験があるかどうか。からだが感じとる喜び＝楽しさの質こそが問われているのではないでしょうか。自分のからだの喜び方、どれだけ深い喜びを楽しめるか、どれだけ無意識の（からだの）深いところから喜びを汲み上げることができるか、それが問われているのだと思います。

「むかつき」がムラムラと湧き、ストレスが溜まっているのは、無意識のなかでもその表層部分、意識と無意識の境目、意識でいつも抑圧されているコンプレックスの渦巻く個人的無意識のレベルにあります。[1]そのレベルを突き抜けた深層の無意識に、「いのちとつながる喜び」が溢れ出る「楽しさ＝喜び」の源泉があります。

たとえば宮沢賢治の寓話「カイロ団長」のあまがへるたち。気に入らない奴（とのさまがへる）をみんなでどっとあざけり笑い、スッキリしたつもりがそのあとすぐ、「しいんとなるさびしさ」が訪れます。後味の悪い「楽しさ」。その後味を心の深いところで感じさせる力、人をおとしめる表層的な「面白さ」のあとに、より深いところから「さびしさ」が訪れる人間のからだの、無意識の力。その力の源泉を、きっとだれでも持っていると信頼してもよいのではないでしょうか。「無意識即から溢れるものでなければ、多く無力か詐欺である」（「農民芸術綱要」）と賢治も言いますが、その無意識の源泉から溢れでる力にノルとき、深い喜びが湧いて心の底から楽しめる。心の底からの喜びこそが、いじめを超えることができる。それ以外の超え方は、いじめを抑え込んだにすぎない。それではきっと、いつかまた、あるいは違った仕方で、場合によっては、もっと破壊的な仕方で、いじめが噴き出してくる。そのように、仮説的であれ、考えてみたいと思うのです。そして、だとすれば、では、どのような学校づくりをしていけばよいか、と考えていくのです。

(3) いじめ「問題対策」の抑圧的悪循環

それにしても、いじめることが楽しい、と感じてしまうからだが、日本の子どもたちには、すでにできてしまっている。いまの子どもに、楽しいことをしてよい、というならば、いじめにかける歯止めがなくなるのではないか。やはり、理性的に善悪を判断して、いじめたくなるような自分の気持ちを抑えることを教えなくてはいけない。と、このように問われもすることでしょう。繰り返すことになるけれど、この発想を転換しないと、結局は悪循環が切れないのだと思います。

小さい子どものときから、苦しくてもがまんして何かをしたときには、よくがんばったと褒められました。反対に、楽しくて心地がいいから何かをしたときには、好きでやってるだけでしょ、遊んでるだけでしょ、と特に賞賛されることはない。そのうちに、楽しいことをしていると、何か後ろめたい気になる。いやなことでもがまんしてするのが、いいことだと慣らされる。そうして、「楽しいこと＝よくないこと」「いいこと＝いやなこと」という図式ができあがってしまいます。それを「楽しいことは、いいことだ。いいことは、楽しいことだ」と反転させてみるのです。

いじめることが面白いという感覚を超えていくには、それを抑圧することによってではなく、もっと大きな楽しみのなかに、その感覚を浄化していく他ないように思えます。抑圧による正義の実現は、その場を取り繕うことができても、悪循環を生みだして、やがてより陰惨なかたちで噴き出すことでしょう。実際のところ、二〇年以上も前からいじめ対策に取り組み、それが改善されないばかりか、ついに「警察との連携」を大上段から方針化するに至ったわけです。もっとほんとうに、心の底から楽しいことをしよう。相手も楽しくなければ、自分も楽しくない、と感じるからだは、本物の喜びを味わう体験を重ねるところから生まれてくるものだから。

（4）いのちが響き合う「シンパティコ」

相手も楽しくなければ自分も楽しくない、みんなが楽しいときに自分も楽しい、というように、痛みと楽しさが響き合い共鳴し合う感性を、メキシコでは「シンパティコ」と呼びます。異他なる生命に対して、共通する〈いのち〉において感応する力、とでも言えるでしょうか。メキシコでは、「シンパティコ」な人かどうかが、人を評価する最も重要な基準だと言われています。学校という空間でさえ、頭がいいとか、スポーツができるとかよりも、「シンパティコ」が大切にされます。(2)

教室に閉じこめられた授業の円滑な遂行よりも、「シンパティコ」を大切にするメキシコの子どもたちの様子を伝えるエピソードを一つ紹介しましょう。あの「いじめ」を扱った授業のあと、日本の学校に自分たちの想いをつづった文集を送ろうということになったのですが、そのプロセスでの一コマ。

——原稿が出そろい、家が文具屋をしているある女子生徒Iさんが、その版下を家で仕上げて印刷してくれました。ところが、メキシコでは当時まだ普及していなかった縮小コピーを使ったため、予想していた額よりも高くついた。彼女は、申し分けなさそうにその額を伝えたが、ヤンチャで冗談好きの男子生徒O君が、「おまえの家はたくさんもうけたんだろう」と言ってしまう。授業中のクラスはその瞬間、しんとなり、Iさんの顔はみるみる曇り、ワッと泣き出して、そして教室から飛び出していく。教師（筆者）が言葉を発するより早く、「しまった」という顔をしたO君は「先生、オレ追いかけて謝ってくるから」と言って、後を追いかけて出て行く。実のところ、筆者はどうしたものか、戸惑いました。クラスの皆を見渡して無言でたずねると、「心配だけどだいじょうぶよ、まかせておいて授業を続けてましょう」とある生徒が言い、他の生徒もうなづくので、一応授業を始めました。でも、皆も自分も心が重くて、いつものようなノリにはならない。しばらくして、また誰かが、「先生、ちょっと遅いから、そろそろ様子を見てきて」と言い、皆がうなづきます。教室を出て探すと、校庭のすみに腰を下ろして並んで座っている二人が見えました。O君はIさんに寄り添い肩にやさしく手をかけています。近づいていくとIさんは、涙を拭きながら「もうだいじょうぶよ、先生。もうしばらくして落ちついたら教室にもどるからね」。O君は、「みんなによろしくな」。安心して教室に帰って報告すると、みんなも安堵した表情になりました。しばらくして二人がもどってくると、暖かい空気が包み込み、いつもの楽しい教室がかえってきました。――

うまく伝わったでしょうか。このときには、ほんとにメキシコの生徒たちの「シンパティコ」を感じて、彼らのことが大好きになりました。メキシコのどこにもいじめはない、と強弁するつもりはありません。でも、彼らが「シンパティコ」を大切にしていることだけは、現場のいろいろな経験から確信の持てるところです。そして「いじめをしても楽しくない、仲良くするほうがもっと楽しい」と発想できる感性が育っている(というよりも、つぶされていない)のも確かでした。楽しさ＝喜びが、いじめを超えていく可能性を、彼らが示唆してくれていると思うのです。

では、このような「シンパティコ」な感性は、どのようにして育つのでしょうか。こころとからだを頭で抑えつけるのではなく、心の底から湧き出る意志に従って生きる喜びを育む教育。「ホリスティック教育」というのは、まさに、対立し分断しがちな、頭と心と身体のつながりを、意志と感情と思考、意識と無意識のつながりを、自己と他者のつながりを、全てのいのちあるものたちのつながりを、今一度深くつなげ合わせようとするものです。そして、そのつながりを生きることで溢れ出る喜びを育てようとするものだと言えます。いじめを超える喜びを育むホリスティック教育の実践については、他の章で語られることでしょう。[3] この章では以下に、大局的な時代認識を交えながら、いじめを含む教育の問題が、転換期としての現代の根本的な問題に根を下ろしていること、したがって、教育をホリスティックな発想法に基づくものへと転換することなくしては、根本的な改善がなし得ないことを見ていきたいと思います。

2. いじめ問題へのホリスティック・アプローチ

(1) 人類史的な岐路に立つラディカルな問題

いじめの問題と原子力発電の問題、その問題の根は同じところにある。そのように言えば、唐突に響くでしょうか。これから考えてみたいのは、ポスト3・11のエポックにあって、この両者の問題を、人類史的な文明の岐路に立つ問題として捉えていく試みです。いじめの問題を、生徒の個々人の心の問題として捉えるのではなく、その背後にある大きな文明のあり方の問題、そしてそれと密接に結びついた近代学校のあり方の問題として捉えていくのです。

「生態系の病と教育の病、その病の根は同じところにある。」という印象的な一節が、「ホリスティック教育ビジョン宣言」[4]（一九九二年）の冒頭にあります。たとえば、現在の地球規模の環境問題にみられる外なる生態系の破壊、アトピー性皮膚炎やアレルギー疾患などに見られる内なる生態系（免疫系）の破壊。これらの問題は単に技術論的に解決可能なものではなく、近代の終末としてのこの現代を生きる我々の基本的な自然観・人間観・身体観などが、その問題の根に深く関わっていること、このことはつとに指摘されてきました。同様に現行の近代教育をめぐる諸問題も、その教育を方向づけている近代的人間観・教育観そのものを問わずに、技術論的方法論的に解決できる性質のものではありません。その問題の根深さは、いじめの問題にしても不登校の問題にしても、それへの後追い的な日々の対処ではもはやどうしようもない深さにまで達しています。

一般に歴史には、個別問題への具体的対処能力を向上させることで問題解決できる時期と、既存の枠組み自体の転換が求められる時期とがあります。日本の近代化の全般的な上昇期にあった時期には、たとえば学校において子どもに生じる問題も、教室場面での教師の指導技術の向上で対処できる余地がまだ大きくありました。しかし、その上昇する波が頂点を通り過ぎ、新たな原理に基づくライフ・スタイルの勃興期にあっては、近代教育の技術・方法の背後にある思考や発想の枠組み（パラダイム）そのものを転換しなくては、この袋小路から抜け出すことが難しくなっています。ホリスティックな教育は、その根本的なレベルでの転換をめざすものです。それはまず、この文明のなかで知らず知らずのうちに身に付けている私たち自身のものの見方、子どもの見方の偏りに気づくところからはじまります。

近代文明の問題は、それが「物質」文明であるとか「科学技術」文明であるとかいう問題よりも——「物質」や「科学技術」そのものが悪なのではなく、それへの関わり方が問われるべきであって——、より根本的には、その背後にあるものの見方・考え方そのものの問題だと考えられます。客観世界を自らの外に押し離した近代的自我は、物質や身体を精神から、自然を人間から切り離し、それらを機械論的なモデルで分析して技術的操作的に支配し利用してきました。とめどもない自然支配による環境破壊はこのような思考法によって可能になり、同じように、規格品を効率的に大量生産する工場モデルの学校システムも、このような思考のスタイルによって可能になりました。ここでは、近代的思考法のうち、とくに機械論的思考法（パラダイム）に関して、以下に教育との関わりをみていきます。

（2）機械論的思考法と学校化された教育の問題

近代的な機械論的、目的合理的な思考法は、子どもを未来に役立つ人材として素材視し、いかに「期待される人材」を効率的かつ大量に生産できるか、という発想で教育をシステム化してきました。そこでは

①子どもを、それ自体で意味のある存在としてみるのではなく、何かの目的に役立つ限りで意味のある道具的な存在としてみる見方、

②子どもを自ら成長していく力を秘めているものとしてみるのではなく、外から計画的にコント

ロールできるし、またそうしなければ動かない存在としてみる見方、

③ 子どもを全体としてみるのではなく、大人の側が持っている尺度や枠組みに当てはまる部分だけをみて、それ以外は排除したり無視したりする見方、

などが支配的になります。友だちをモノや道具のように扱い、使い走りにしたり無視したり排除したりする「いじめ」には、このような大人の子どもへのまなざしが、影響していると言えないでしょうか。

子どもをいのちある人間としてではなく機械（操作対象）としてみる、というのは、多くの教育に携わる人にとって、そんなことはない、極論だ、と思われるでしょう。たしかに人間を大切にして奮闘している心ある先生はたくさんいます。しかし、その意図にかかわらず、機械論的な見方は、案外と根深いものです。たとえば、指導案どおりに達成目標へ向けて授業が滞りなく進行したとき、それがいい授業だと考える発想のなかにも、逸脱を許さずクラスの生徒全体の統制をとれる先生がいわゆる指導力の高い先生だという考え方のなかにも、すべての子どもの行動をあらかじめプログラムしたりコントロールできるという考えが潜んでいます。また、算数の授業では算数を、社会の授業では社会を、道徳の時間には道徳を、音楽の時間には音楽を、体育の時間には体育をそれぞれ指導するし指導できるとする発想自体が、そしてそれをそれぞれの項目別に評価できるとすること自体が、知・情・意や心と身体を分けられるものと考える分割分析的な思考法に支えられています。そもそも年間カリキュラムや時間割を、その日の子どもと向き合う前から、あらかじめ決定しておけると考えることからして、生命論的ではなく、機械論的だと言えます。

機械論的なアプローチが有効な範囲は、限られてはいますが、確かにあります。意図的計画的に標準化されたシステムとしての学校においては、とくにそうです。しかし家庭も地域社会も学校の下請け機関になり、社会全体が学校化されるとき、むしろいじめのような問題が出てこない方が不思議かもしれません。いじめや不登校の問題の背景には、このような全体状況が関わっています。しかし、だからといって全体状況が変わらなければどうしようもない、という問題でもありません。このシステムを作りだしたのも動かしているのも人間であり、上に述べてきたような人間の発想法であるとすれば、一人ひとりがそのような思考のスタイルや生のスタイルに気づき、子どもと教育というものをみる見方を、少しだけでも変えてみることから出発できるでしょう。

(3) ホリスティックな思考法に基づく教育へ

その方向が、ホリスティックなものの見方・考え方への転換だといえます。では、その特長はどのようなものでしょうか。前節で機械論的思考の問題点として挙げた三点に絞って、ホリスティックな見方・考え方について説明してみましょう。

①子どもをまず、存在すること自体で意味のあるものとしてみること。機械は、それを使用しようとする目的をもった誰かが、手段として組み立てたもの（目的の外在）だが、この世界のいのちあるものすべては、何かのための手段・道具としてそこにあるのではなく、あるべくしてそこにある、としか言い様のないもの、存在すること自体に目的が含まれているもの（目的の内在）だと考えられます。一

見無価値にみえるようなものでも、この宇宙進化のプロセスのなかで、すべてのものが他のすべてのものに、直接間接に影響し合いながら生じてきたものであり、そうであるかぎり、大きな視点からみれば無意味なものはありえません。もちろん、より価値ある人間たろうと努めること、それを促すことも必要ですが、その根底にまず、〈今・ここ〉にこうして生かされて、「ありのままにある」こと自体に深い喜びを感じとれる関係が必要だということ。そのような関係が、まず生きる土台にしっかりとあって、それに支えられていること。ホリスティックな教育はまず第一に、生きとし生けるものすべてが、大いなるいのちのつながりのなかで、かけがえのない生命であるという、いのちのつながりを自覚する喜びに基づくものです。そこで問われているのは、たとえばオギャーとこの世界に誕生してきた赤ちゃんを抱きしめるときの喜びを、どのように一人ひとりが自らの意識と無意識の中に根づかせ、その後の子どもをみる目のなかに活かしつづけるか、といった課題です。いのちとつながる喜び、この喜びに支えられて子どもたちが育つかどうか、それが、いじめを超えていくことができるか否かに、大いに関わっているのではないでしょうか。

② 壊れた機械は自ら修理することはできないが、トカゲの尻尾は切れても自分で修復します。機械ではなく生命というものの特徴は、自己組織化していく自己成長力をもっているという点にあります。ホリスティック医学が、自己治癒力を重視してその力が働きやすいように支援するのと同様、ホリスティック教育は、自己成長力、自己学習力を重視して、その力が発揮され育まれるように支援します。悪玉（たとえばガン細胞）探しをして、それを外科手術で取り除いて排除する近代医学の方法に対して、

からだ全体の免疫力を向上させて癒す――たとえば、まさに生きる喜びをアップさせる生きがい療法などがホリスティックな方法です。いじめの犯人探しをして除去するよりも、ストレスを減らし喜びを増やして、クラス全体としての免疫力をアップさせるべきです。

私たちは経験的に、古い自分から新しい自分へと生まれ変わるような根本的な成長が、思いがけない出会いや人生の危機を通して生じることを知っています。人生の意味に目覚めたり、独創的な創造力が育ったりするのは、画一的計画的に管理された空間においてではなく、自発的に参加でき、多様な個性に対して柔軟に応答できる開かれた場においてです。そしてまたそのような場は、個々人が他者に無関心で放任的な場ではなく、違いと出会い違いを活かし合うことによって学び合う、〈つながり〉が深められていく場でもあります。機械論的な逸脱消去的制御（コントロール）の原理よりも、「多様性」「開放性」「連結性」「ゆらぎ」などの、生命の自己組織化の原理を、ホリスティックな教育は基本に据えることになります。そのような場では、異質なものを排除して消去しようとする排他的ないじめの原理に対する、多様性に開かれたつながりの原理が優先しているのです。

③　一人の子どもは、全体的な統一体であり、知性や感情や意志は、その全体のなかに結び付けられていてこそ健全でありえます。機械であれば、まず部品を作ってそれから全体へと組み立てることができますが、知性や感情や意志は、他と切り離してそれだけで独立して育てられるようなものではありません。啓蒙的な理性を高く評価し、また科学技術の担い手を育てようとした近代の教育は、知性のレベルを偏重し、心と身体を切り捨ててきました。また、知育偏重を批判して徳育重視が言われるときに

も、知と徳を切り離して考える傾向がありました。道徳や心を、それだけで教え込もうとしたのです。それに対しホリスティック教育は、知情意や心と身体のつながりを育むことに焦点を当てます。そして、子どもは個人としての全体性をもっているだけでなく、家族などの共同体や文化圏や人類や、そして地球生態系や宇宙の、かけがえのない一員です。子どもを全人としてホリスティックにみる、ということは、このような多重的な次元をもった〈いのちの織物〉の広がりにおいて、また進化史的な時間を貫く大いなる〈いのちの流れ〉において、今ここに〈いのち〉が表現しているものとして子どもをみる、ということです。そのとき、畏敬と尊厳をもって子どもの生を受けとめることになります。

ホリスティックな教育とは、宇宙と生命の進化とエコロジーに参加する営みに他なりません。大げさなようだけれども、教育という営みを自己反省してみるときの尺度と枠組みを、もっと重層的多元的に、天地一杯に拡張してみる必要があります。私たちの足元、東洋の古来の知恵が、教育を「天地の化育を賛く」営みとして、つまり「天地宇宙の進化生育を喜んで助ける」営みとして、まさにホリスティックに理解していたように。

以上にみてきたように、いのちとつながる喜び、〈いのち〉の表現としての子ども（次世代）を育てることの喜びを、まず大人たちの世界が取り戻していくこと。そして子ども一人ひとりを尊厳をもって受けとめること。子どもたちのいじめや自殺の問題は、根本的には、このような喜びや尊厳を私たちがいかなる深さで分かち合えるか、ということに懸かっていると思えるのです。

おわりに

それにしても、そのようにホリスティックな、喜びに溢れた学校を創ることは可能でしょうか。

この学校に来て、自分がいじめられることのない環境もあるんだ、ここでは思う存分に自分を出していいんだと、やっと救われました——ある学校の高等部に編入してきた生徒が語ってくれました。前の中学校では、誰も来ない屋上へあがる階段に座ってお弁当を毎日一人で食べていたこともあったといいます。それがこの学校のクラスでは、みんな仲がよくて楽しそう——たとえば、誰かが歌を歌い始めると、まわりの友達もつられて歌いだし、自然とパートに分かれて大合唱になったり、自分たちがする演劇のタイトルを決めるのに、遠慮なく自分の意見を言い合って何日間も議論を続けたり。このクラスでいじめがあるのかないのかは知らないけれど、小学校の頃からずっと、いじめられることの多かった自分が、今はいじめられるかもしれない、っていう恐怖をはじめて全く感じずにいます。こんな学校があってよかった、人生が変わりました、と。

関西にある小さなこの学校は、親と教師がともに創り続ける学校、を合言葉にしたNPO法人京田辺シュタイナー学校。現在、一七〇家庭と一九名の専任教師が、小中高一二学年に二六〇名を超える子どもたちの通う学校を、喜びをもって運営しています（——筆者も足かけ十年にわたって参加してきました）。そして二〇一二年度末には、開校時一年生だった子どもたちが、晴れやかな歌に包まれるようにして卒業していきました。ここでシュタイナー学校について詳述しませんが、役に立つ人材を育成するためではなく、子どもたちが喜びをもって学べるように、生を享けた子どもたちの存在への畏敬をベースにして創られた学校。テストがあるから勉強するのではなくて、学ぶことが楽しいから学ぶ、そう思えるような授業づくりを大切にしていて、上述のようなホリスティックなアプローチによる教育の最良のモデルだと言われています。

この学校の子どもたちをみていると、シュタイナー学校に限らず、子どもたちが喜んで学校に行き、授業で新しいことを学ぶのを楽しみにしているようなとき、陰惨ないじめは起らないのだろうと、確信を持てます。逆に、そのような授業、そのような学校の環境を作れていないのであれば、いくら早期発見し厳しく対処したとしても、後から後からより陰湿化した深刻ないじめが繰り返されることでしょう。

だから、自殺にまで追い込まれるほど深刻ないじめにあっている子どもには、そこで耐えて通い続ける道よりも、もっと楽しく学べる学び場を探して、そこへ転校——場合によっては一時避難——するというオプションを、もっと前面に出してもよいかと思います。そのために、そういった競争原理から自由な学校＝もうひとつの学び場を、一般の学校のまわりに選択肢として用意していくような試みが、もっと促進されてもよいと考えます。公費助成や学籍の問題など制度的な保障が必要になりますが、「子どもの多様な学びの機会を保障する法律」の骨子案ができるところまで来ています。既存の制度化された公教育学校の内部での改善や緊急の対症療法も必要ですが、それが人材育成や競争原理といったパラダイムからなかなか抜け出せないのであれば、それとは違った喜び創造型の発想で新しい学び場を創り出してしまう方が、回り道のようでかえって確かでストレートな解決につながるかもしれません。以上、本稿では、喜びはいじめを超える、といえば、それはあまりに楽観的で非現実的な発想に聞こえがちですが、ある意味でとても現実的で確かなオプションであることをみてきたのでした。

注

(1)いじめの深層心理学的な理解については、吉田敦彦（一九九九）『ホリスティック教育論／日本の動向と思想の地平』日本評論社、第二章を参照。

(2)このようなメキシコの学校の文化的バックグラウンドについては、吉田敦彦（二〇〇九）『世界のホリスティック教育／もうひとつの持続可能な未来へ』日本評論社、第一章および第二章を参照。

(3)ホリスティックなアプローチによる具体的な実践事例について更には、高尾利数・手塚郁恵・平出宣一・吉田敦彦編著（一九九六）『喜びはいじめを超える／ホリスティックとアドラーの合流』春秋社を参照。なお本稿は、同書所収の拙稿をベースに現在の時点から補加筆改訂したものである。

(4)この宣言文と解説については、日本ホリスティック教育協会編（二〇〇五）『ホリスティック教育入門』せせらぎ出版、第六章および第七章を参照。

(5)機械論的パラダイムとホリスティック・パラダイムをめぐっては、吉田敦彦（一九九九）の第Ⅱ部全体を通して詳述したので参照されたい。

(6)京田辺シュタイナー学校編（二〇〇六）『小学生と思春期のためのシュタイナー教育／7歳から18歳、12年間一貫教育』学習研究社、吉田敦彦（二〇〇九）第Ⅲ部、吉田敦彦編（二〇一二）『日本のシュタイナー学校／資料編』大阪府立大学（科学研究費研究成果報告書別冊）などを参照。

独りになること、師となる存在に出会うこと

同志社大学
中川 吉晴

暴力的世界に生きる

いじめは、社会に広がる暴力のひとつの現れであり、とりわけ日本社会に特有な暴力形態であると思います。いじめは、子ども集団のなかだけでなく、日本的集団が形成されるところでは、どこでも起こりうる暴力です。ですから、それは私たち全体の問題としてとらえなくてはなりません。

人類の歴史のなかで、暴力のない社会は存在したためしがありません。暴力はその姿形を変えて、どんな社会のなかにも現れます。強い者が弱い者を支配し抑圧するなかで、暴力的構造が生まれます。現代社会のなかにも暴力は蔓延しています。暴力は社会のなかだけでなく、そこに生きる個々の人間のなかにも存在しています。個人の場合には、それは性格や行動、心身の疾患などに現れます。社会に生き

る私たちは、自我をめぐる権力闘争にあけくれ、そのなかで蓄積された負の感情を、他者や自分に対して暴力としてぶつけます。これは今日どんな社会においても避けがたいことであるように見えます。

しかし、人間の暴力性を認めたからといって、決して暴力を受け入れてよいわけではありません。困難を承知のうえで、暴力を解消する努力、人間性や社会を改善する努力を惜しむべきではありません。社会や個人のなかに潜んでいる見えにくい暴力を、明るみにださなくてはなりません。実際これまで無数の人たちの努力をとおして、暴力問題の改善が試みられてきました。

いじめの問題に対しても、私たちはその改善に向けて最大限の努力をしなくてはなりません。学校や地域での取り組み、いじめの被害者の治療や癒しなど、できうるかぎりの対策を講じるべきです。しかし同時に、私たちはいつでも暴力のなかで生きていかなくてはならないという現実を認識しておく必要があります。人生は苦難の連続と言ってもよく、過酷な環境のなかで自分はいかに生きていくのかという問いが、一人ひとりに突きつけられています。制度的な取り組みとは別に、暴力的な世界のなかでどのような生き方をするのかという問題があります。

日本的集団の問題

いじめは、集団主義という日本社会に特有な構造のなかで発生し深刻化する暴力現象です。日本では一神教的な背景がないので、神（超越者）とのかかわりのなかで個人が確立されるといった個人主義が成立しません。その代わりに日本人は集団を自分の拠り所とします。集団に溶け込み、集団意識を自分のなかに内在化させ、相互に依存しあう関係を足場として自分を成り立たせます。日本人にとって所属集団は何にもまして重要な存在です。集団に受け入れられることが自己の存在の命運を握るので、集団の価値観に合わせて同質の存在になるように、みんなが努力することになります。もちろん、それによって人びとのなかに、思いやりや、やさしさといった資質が育まれます。また、集団としての高い能力も発揮されます。

しかし、どんな集団もポジティブな面とネガティブな面とをあわせ持っています。集団のネガティブな面が現れているのが、いじめです。日本的集団のなかでは、権力は集団の側に付託されているので、他者が主導権を握っています。個人は弱い存在でしかなく、つねに他者の圧倒的な力（評価、圧力、指示など）にさらされます。いじめの発生する地盤は、日本的集団の構造そのものにあります。

日本の学校では、個人が鍛えられるような教育、個人の欲求や思考を明確化するような試みがなされることはほとんどありません。むしろ反対に、クラスのまとまりや、友だちとの絆、助け合う関係といった、日本的集団の形成が優先されます。もちろんその価値を否定するものではありませんが、しかしその場合、子どもは自己を確立することなく集団的性格を身につけ、集団意識のもとで生活をすることになります。自分の存在を集団にゆだねているので、子どもにとって、人とのつながりは、支えになると同時に潜在的な脅威になります。いじめは誰にでも向けられる以上、どの子どもも潜在的ないじめの恐怖を抱きながら集団に順応します。

何らかの事情で子どもに蓄積されている負の感情がクラスのなかにふきだし、それが特定の子どもに向けられると、いじめが発生します。いじめをする子どもや、傍観している子どもは、無意識のレベルで負の感情に突き動かされるので、自分の行動にあまり自覚的でないかもしれません。その一方で、いじめの犠牲者には逃げ場がなく、それゆえに過酷な苦しみがもたらされます。いじめには排除の構造がありますが、いじめられる側は決して集団から逃げられず、集団のいびつな秩序のなかに組み込まれます。いじめの被害者にとって、それは最大限に残酷なことであり、救いのない絶望的な状況となります。そこでのストレスや苦痛、恐怖や絶望感は、想像を絶するほどのものになると思われます。それがトラウマになったり、自信を喪失させたり、恐怖と悲しみに支配された人生を生みだすことにもなります。

いじめを深刻化させるのは日本特有の集団性です。集団から受け入れてもらいたい、人に嫌われたくない、人を喜ばせなければならないというのは、根本的な行動原理として、私たちの意識を規定しています。それゆえ、たとえいじめられても、それを恥ずかしいと感じたり、隠したり、いじめる側に迎合するようなことまでしてしまいます。このようにして必死になって集団から認めてもらおうとします。自分の支えは集団にしかないのですから、そこから逸脱することの恐怖は何にもまして大きくなります。

したがって、いかにしてこうした集団性とかかわっていくのかということが、一人ひとりの問題となります。私たちは日本的集団のなかで、どのように生きていけばいいのでしょうか。

いじめ対策の導入

ところで、これは、クラスや学校でのいじめ対策が決して無意味だということではありません。いじめ問題に対しては、あらゆる取り組みを試みるべきです。それによって、いじめが軽減でき、予防できれば大いに役立ちます。私は暴力防止のための感情教育や対立解決法をいろいろと調べたことがあるので、そうしたプログラムを学校に導入すれば一定の効果が期待できるだろうと考えています。[1] このようなプログラムは具体的で、わかりやすく作られているので、それによって生徒は、感情の認識、感情への対処法、社会生活のルール、対人関係の作り方、個人の尊重、問題解決の仕方など、基本的な感情リテラシーを学ぶことができます。ほかにも平和教育や人権教育のプログラムを導入することも意味があると思います。これまで日本の学校は、そうしたプログラムの導入には消極的であったように見えます。

日本の学校では、問題のない、明るく元気で、仲のよい生徒集団のようなものが理想のイメージとされていて、世間からもそのような期待が寄せられます。しかし、それはかえって学校の硬直した構えを生みだし、問題を認識することを妨げ、対処が遅れることにつながります。問題があることは教育の失敗のように思われ、世間から失態が非難されます。しかし、日々問題が生じるのは、むしろ当たり前のことであり、問題が生じることを前提とした取り組みを行なうべきです。学校は、問題の有無という点からではなく、起こりうる問題に対してどんな取り組みをしているのかという点から評価されるべきです。

学校外の地域のなかでも、いろいろな取り組みが可能です。心理療法やカウンセリングなどを受けられるように、医療機関や相談機関、専門家などがネットワーク化されるべきでしょう。最近ではトラウマに対応するセラピーもいろいろと紹介されています(2)。さらに、いじめられている人が避難できる居場所やフリースペースを作ったり、オルタナティブ・スクールの数をふやしたり、修復的司法のような方法を導入して、スクールソーシャルワーカーやカウンセラーの仲裁で、いじめの当事者たちの癒しと和解を促す場を作ることも大切でしょう。子どもの虐待について発言をしてきたアリス・ミラーは、子どもの味方になる「助けてくれる証人」や「事情をわきまえている証人」の存在が、子どもが暴力によって破壊されないためにいかに重要であるかを強調しています(3)。

「ラクダ」から「ライオン」への変身

いじめ対策の必要性を十分に認めたうえで、それと同時に、私たち一人ひとりの生き方が問われています。すでに述べたように、暴力が蔓延している日本的集団のなかで、自分はいかに生きていくのかということです。これは一人ひとりが取り組まなくてはならないことです。

ここでとりあげたいのは、集団から抜け出すことの可能性です。つまり、自分が集団の一部であることをやめ、集団から離脱するということ、言いかえると、自分の存在を確認するうえで、もはや他者に依存しないということです。集団に受け入れてもらうことが一番重要なのではなく、むしろ集団から離れ、自分が存在することの意味を自分で探究していくのです。ホリスティック教育の言い方で言えば「自己とのつながり」を作るということです。これは、集団を自分の拠り所とはせず、「独りになる」ということ、個として自立するということです。独りになるというのは、孤独になることではありません。人が孤独に感じたりするのは、依然として他者に依存しているからです。これに対し、独りになるというのは、他者への依存から離れ、自分のなかに土台を作るということです。自己とのつながりができれば、災難や苦難に遭遇しようとも、それに耐えていくことができます。

明治時代、ロンドン留学中の夏目漱石は、それまでの「他人本位」のあり方をやめ、「自己本位」の立場へ転換したと、「私の個人主義」という講演のなかで述懐しています。そして「私はこの自己本位という言葉を自分の手に握ってから大変強くなりました。彼ら何者ぞやと気慨が出ました。今まで茫然と自失していた私に、此処に立って、この道からこう行かなければならないと指図をしてくれたものは実にこの自我本位の四字なのであります[4]」と述べています。他者の意見や考えに追随することをやめ、自分ひとりに立ち返り、自分のなかに立脚点を作ることから、その後の夏目漱石が生まれたのです。

ニーチェは『ツァラトゥストラはこう言った』のなかで、精神の三つの様態について述べています[5]。すなわち、精神が「ラクダ」から「ライオン」をへて、「子ども」へと変化するということです。ラクダとは、集団に属し、伝統的な価値を担う生き方のことです。ラクダの生き方では、より多くの荷を背負い忍従することが評価されます。これに対し、ライオンは、自由と創造を求めて反逆する精神です。そして子どもは、創造の運動とひとつになった無垢な精神です。つまり、ニーチェによれば、私たちが創造的に生きるには、ラクダの生き方をやめ、ライオンの段階を通過しなくてはならないのです。独りになるというのは、ライオンの生き方を選ぶことです。ラクダは自己を押し殺して集団に同一化しています。ライオンはその同一化を打ち破り、自己を回復しようとします。その結果、聖なる子どもの、生の肯定にいたるのです。

師となる存在にめぐり合うこと

人は独りになることによってはじめて自分の個性をみがき、自分の世界を豊かに作っていくことができます。このとき何かにつながること、誰かと出会うことが決定的に重要な意味をもちます。その存在にかかわるなかで自分の世界を作り、自分を見いだしていくことができます。夏目漱石の場合は、文芸に対する立脚点を新しく建設するために、文芸には縁のない書物を読み始めたと述べています。独りの空間に異なる次元のものを招き入れることによって、独自の世界が生まれてきます。

このとき出会われるものは、集団とは関係のない、自分にとって意味のある、魂に響くような存在です。その存在は、何か高貴で崇高なもの、それにかかわることで自分の存在が引き上げられるようなもの、自分を内面的に豊かにしてくれるようなものが望ましいでしょう。文学、芸術、文化、思想、学問、宗教など、さまざまな方面の偉大な先人たちは人類の歴史のなかに無数に存在しています。それらの人たちの仕事にふれ、人物にふれることが、自分を豊かにしていくうえで重要な意味をもちます。過去に生きた人でも自分の師となることが可能です。そのような師となる存在にめぐり合い、導いてもらうことによって、それまでの自分を超えていくことができます。それは、いじめの癒しにもなり、いじめに対する自己防衛にもなるでしょう。

自己とのつながりを作っていく生き方は、創造的な生き方です。創造的な人物にふれることによって、自分のなかにも創造的な生き方が芽生えます。集団のなかに埋没しているかぎり、創造的な生き方は生まれません。実際、創造的な人物たちは、ほとんどが集団性とは無縁のところで活動していました。このような人たちは多数派ではありません。歴史家トインビーの言葉を借りれば「創造的少数者」であり、作家のコリン・ウィルソンによれば「アウトサイダー」です。しかし、創造的少数者やアウトサイダーがいなければ、社会の進歩も、文化の発展もありません。

集団から離れ、自分とつながることについて述べましたが、それは決して容易なことではありません。それに向けての決意や勇気が必要です。独りになるというのは本来、少数者の道です。それがたやすくできるようなら、そもそも何も問題は起こらないかもしれません。集団から離れることが恐ろしいことのように聞こえるなら、それだけ集団に同一化している証拠です。おそらく多くの人は集団のなかに安住した生活をおくることでしょう。日本では集団の力は圧倒的なところがあります。しかし、集団のなかで生きるのは、安心や安全を確保することだけでなく、他者からの評価や攻撃に身をさらしながら、恐怖とともに生きていくことを意味します。

周囲の大人は、集団から離れて自分の世界を作る生き方もあるのだということを、子どもに伝えることが大切です。そして、さまざまな出会いの可能性を示して、子どもが自分の世界を豊かにしていく手助けをすることが求められます。このとき大人自身の生き方も問われることになります。

自分に気づくということ

集団から離れるということについて少し説明をつけ加えておきます。これは集団から物理的に距離をおくということではありません。それは現実には不可能ですし、私たちのまわりにはいつも多くの人がいて、互いにかかわりあっています。仮にまったく人気のないところにいるからといって、集団から離れたことになるわけではありません。なぜなら、依然として自分のなかに集団が存在しているからです。したがって、集団から離れるというのは、自分のなかにある集団性、他者への心理的依存から離れるということです。

これは、他者とかかわるときの、自分のあり方、反応、行動を、よく観察するということです。それらを観察して、そこから内的に距離をおくのです。神秘思想家のグルジェフは、思考、感情、動作などを観察することを「自己観察」と呼んでいますが、それをつうじて「自分の行為、思考、感情、言葉などは外的影響の結果生じたものであり、何一つ自己の内からは出てこないという事実に気づくだろう。彼は自分が事実、外的刺激の影響のもとで働いている自動機械だということを理解し、納得するだろう」[6]と述べています。自分の反応や行動のほとんどは、他者からの影響によって引き起こされるものです。自己観察とは、そのような内的反応に注意を払うということです。

自己観察をつうじて「観察する自己」が生まれ、やがてそこにとどまることができるようになります。これは「気づき」の空間が自分のなかに生まれるということです。ふだん私たちは自分の反応や行動に完全に同一化しているので、それに対して無自覚になっていますが、反応や行動に意識的に注意を向けると、気づきが生まれます。たとえ自分のなかで激しい感情がわき起こっていても、それに巻き込まれず観察することができれば、静かな気づきの空間にとどまることができます。気づきは、人生の苦しみに対する対処法として、ブッダによって説かれたことです[7]。また現代では、クリシュナムルティをはじめとする多くの人たちによっても、その重要性が強調されています。気づきとは、自分のなかで生じる反応に対して評価や解釈をまじえず、それをただありのままに見つめるということです。そのように見ることをとおして、内なる集団から離れることができます。

ロベルト・アサジョーリが生みだしたサイコシンセシスによれば、これは、自分のサブパーソナリティに気づき、そこから脱同一化することを意味します。私たちのなかには、そのつどの状況に応じて立ち現れる、さまざまなサブパーソナリティ（自分のなかの部分的局面）があります。私たちはそのつど優勢になったサブパーソナリティに同一化しているのです。これに対し、サブパーソナリティから脱同一化することによって、自己の中心に立ち返ることができます。サイコシンセシスでは、そのつぎの段階で、英知や愛や美といった高次の資質とつながるようにします[8]。

いかにふるまうか

では、私たちは他者との関係において、いかにふるまえばよいのでしょうか。それは、日常の行為を、それに同一化することなく、気づきをもって行なうということになります。他者とのかかわり方については、グルジェフのいう「内的考慮」と「外的考慮」が参考になります。内的考慮とは、他者の言動に影響され、自分のなかで反応することです。この反応は連鎖的に起こり、たとえば相手に非難されて気分を害するというようなことも、内的考慮にふくまれます。外的配慮とは、他者に向けられる表面的な行動です。グルジェフは、私たちがいつも内的考慮にとらわれていて、それに左右された行動を自動的にとってしまうため、外的考慮のほうはおろそかにしていると言います。集団性を自分のなかに抱えているため、私たちはたえず他者の影響を受け、内的考慮をしてしまいます。しかし、相手の影響に反応するというのは、相手に支配された不自由な状態です。

これに対し、グルジェフが言うのは、どんな衝撃に対しても内的考慮をしないようにし、外的考慮のほうはもっと適切に行なうということです。「あなたが理解し厳密なルールにすべきは、他人の意見に注意を払う必要はなく、まわりの人たちから自由にならなければならないということです[9]」と、グルジェフは言います。内的考慮をやめ、内面で他者から自由になることではじめて、自分がとる行動を自由に選択することができます。そうでなければ、相手の態度に影響された連鎖的な反応がつづくだけです。内的考慮をしないで、外的考慮をもっと適切なものにするというのが、集団から自立した個人のふるまい方です。

内的考慮をしないためには、相手に反応している自分に気づき、そこから離れることが必要です。そして同じ気づきのなかで、自由な選択にもとづく外的考慮も可能になります。インドの代表的な聖典に『バガヴァッド・ギーター』がありますが、その最初のところで、戦闘をいやがる王子アルジュナを、クリシュナがさとす場面があります。そのなかでクリシュナは、行為の結果がどうであれ、それに執着することなく、ただ行為せよと説いています。これは「行為のヨーガ」（カルマ・ヨーガ）と呼ばれる、行為そのものを修行とする道です。それは内的考慮をしないで、ただひたすら外的考慮に徹するあり方です。

アメリカの精神世界の指導者であったラム・ダスは、インドでグルのニーム・カロリ・ババからカルマ・ヨーガを学び、それを、受刑者や死にゆく人の援助活動に生かしてきました。ラム・ダスによれば、よき援助行為を妨げるのは、援助者のアイデンティティ（自我）です。援助者は、援助者というアイデンティティを手放すことで、よりよい援助の媒体となります。それは気づきのなかにとどまりながら、行為するということです。ラム・ダスは「私たちは特に誰かである必要などありません。〈これ〉だったり、〈あれ〉だったりする必要はないのです。ただいるというだけで、私たちは自由なのです[10]」と述べています。このとき自己の中心は、行為者から存在（気づき）へと移行します。

気づきに中心があるとき、外的考慮は、より自由に発揮されます。外的考慮のひとつとして、他者にいたわりや慈しみの気持ちをおくる、ということがあります[11]。内的考慮にとらわれていれば、それはとうてい不可能なことのように思えますが、内的反応から自由になっていると、傷つき苦しむ他者に対して、さらには自分を苦しめる他者に対してすら、いたわりや慈しみのエネルギーを差し向けることができます。これは他者だけでなく本人にとっても、このうえない解放をもたらしてくれます。

注

(1)以下を参照。中川吉晴（二〇〇五）『ホリスティック臨床教育学』せせらぎ出版、ダライ・ラマ、ダニエル・ゴールマン（二〇〇三）『なぜ人は破壊的な感情を持つのか』加藤洋子訳、アーティストハウス

(2)以下を参照。ピーター・リヴァイン（二〇〇八）『心と身体をつなぐトラウマ・セラピー』藤原千枝子訳、雲母書房、パット・オグデン、ケクニ・ミントン、クレア・ペイン（二〇一二）『トラウマと身体』日本ハコミ研究所訳、星和書店、ディヴィッド・バーセリ（二〇一二）『人生を変えるトラウマ解放エクササイズ』山川紘矢・亜希子訳、PHP研究所、手塚郁恵他（二〇一二）『自分を信じるレッスン』春秋社

(3)アリス・ミラー（二〇〇四）『闇からの目覚め』山下公子訳、新曜社

(4)三好行雄編（一九八六）『漱石文明論集』岩波文庫、一一五頁

(5)ニーチェ（一九六七）『ツァラトゥストラはこう言った』上、氷上英廣訳、岩波文庫、三七一四〇頁

(6)P・D・ウスペンスキー『奇蹟を求めて』浅井雅志訳、平河出版社、一八五頁

(7)ブッダの説いた「気づき」は、現在では「マインドフルネス」として広まり、心理療法や教育をふくめた各方面で活用されています。マインドフルネスを取り入れた心理療法として、アクセプタンス＆コミットメント・セラピー、マインドフルネス認知療法、弁証法的行動療法、ハコミなどが知られています。また、マインドフルネスは教育に導入され、「観想教育」という分野が現れています。詳しくは、中川吉晴（二〇一二）「教育におけるスピリチュアリティ――その成立と展開」樫尾直樹編『文化と霊性』慶応義塾大学出版会、一六六一一七三頁を参照

(8)以下を参照。ピエロ・フェルッチ（一九九四）『内なる可能性』国谷誠朗・平松園枝訳、誠信書房、平松園枝（二〇一一）『サイコシンセシスとは何か』トランスビュー

(9)G. I. Gurdjeff, Views from the Real World, Dutton, 1973, p.257. グルジェフ（一九八五）『グルジェフ・弟子たちに語る』前田樹子訳、めるくまーる

(10)ラム・ダス、P・ゴーマン（一九九四）『ハウ・キャナイ・ヘルプ？』吾妻典子訳、平河出版社、五一頁

(11)以下を参照。シャロン・サルツバーグ（二〇一一）『リアルハピネス』有本智津訳、アルファポリス、ロバート・サーマン（二〇一一）『怒りの手放し方』尾代通子訳、築地書館

第3章

教師のライフヒストリーの中の「いじめ」

ホリスティックなアプローチへの道

教師のライフヒストリーの中の「いじめ」
──ホリスティックなアプローチへの道──

東京学芸大学
成田　喜一郎

本章では、一中学校教員のライフヒストリーに映し出された「いじめ」とホリスティックなアプローチへの道を描き出すことによって、「いじめ」を超える実践とは何か、ホリスティックなアプローチの可能性について語っていくことにします。

方法論としては、「いじめとは何か」という本質的で根源的な問いを通奏低音に、「オート・エスノグラフィー」という手法を援用しながら、一九八〇年代から二〇〇〇年代の中学校教諭Xのライフヒストリーを描き出していきます。∴牛田（二〇〇四）

その教諭Xとは、一九七八年四月から二〇〇三年三月まで中学校教員をし、二〇〇三年四月から二〇〇七年三月まで中学校の副校長をした人物で、第一章の「中学校における『いじめ』を超えるためのホリスティックなアプローチ」に登場する教諭Xと同一人物です。本章では、1から3において、教諭Xのライフヒストリーに投影された時代性と「いじめ」とのつながりかかる教育活動について述べていくことにします。

４の「今、『いじめ』を超える実践を求めて―次世代・未来への希望―」では、中学校教論Xのライフヒストリーを踏まえて、「いじめ」を超えるホリスティックなアプローチの可能性にふれることにしたいと思います。

Ｉ．一九八〇年代の「いじめ」とのつながり―駆け出しの教員時代の光と陰―

Xは、社会科歴史の教員になるか歴史学の研究者になるか、散々迷った挙げ句の果て、大学四年生で行った中学校での教育実習体験が教員になる道を選ばせ、一九七八年四月、中学校教員になりました。一年目は、学級担任は持たず、社会科歴史の授業を担当し、校務分掌は教務委員会に所属しました。翌一九七九年四月から同学年の中二・中三と持ち上がりで学級担任をすることになります。

教論Xは、やんちゃな生徒たちがいる学年・クラスで、暴走族に入っていると言われていた生徒を二年間担任しました。その生徒を囲む数人のやんちゃなグループは、教室の外側の壁面にペンキで落書きをしたり屋上のペントハウスで喫煙したり、あわや対教師暴力に至る寸前までいったりしていました。

初めて担任をした教論Xは、学年主任から「もっと厳しく生活指導をせよ」と度々強い助言をもらっていました。なかなか期待されるような生活指導はできませんでしたが、やんちゃな生徒たちが中三になると、教論Xは、灰谷健次郎の作品の影響もあってか、沖縄の言葉で「太陽の子」を意味する『週刊てだのふあ』という学級通信を一年間出し続けていきます。中三の後期には、そのやんちゃな生徒たちを学級委員にさせ、担任である教諭Xとのつながりを常に確保し、学級経営・学級活動を展開していきました。

しかし、ある生徒がこれまでのしがらみのないまったくない高校にたったひとり進学することが決まったとき、「これでやっと解放される」とひと言、ため息とともに漏らしたのを聞きました。この生徒は、これまで小学校から九年間、やんちゃな生徒やそのまわりの生徒たちからしばしばからかわれ、もて遊ばれて続けていました。いわゆるいじられキャラのこの生徒のひと言で、教諭Xは生徒理解の甘さを思い知らされることになったのです。彼は、担任にも親にも訴えることもせず、ずっと耐えてきた九年間だったのです。

教諭Xは、生徒の外見理解だけではなく、生徒の内面の深い理解の重要性が不可欠であることに気づきはじめましたが、教員三年目、学級担任二年目の教諭Xにはまだその方法は見つかりませんでした。

その後、一九八一年四月から教諭Xは、中一から中三まで学級担任を持ち上がる経験を二回します。その六年間で「登校拒否」(不登校)の生徒と出会い、保護者と連絡を取り続け協力関係を築いたにもかかわらず、とうとうその生徒は学校には戻って来ませんでした。

また、中一で「いじめ」が始まり、それを止めることができず、「登校拒否」(不登校)になり、やがて「転校」していってしまう生徒とその保護者に出会うことになってしまいました。

教諭Xは、この六年間、教科担任として社会科教育の実践では、生徒の学びや暮らしの履歴、教材=

学習財の開発研究や授業方法の改善に努めていきましたが、学級担任としては生徒指導でつまずき、生徒や保護者からの信頼を失うことの多い時期でした。当時の教諭Xは、学級経営や生徒指導においては一人で丸抱えし、学年主任を含め三名いた他の学級担任との連携・協働からは程遠い教育実践を行っていました。ただ教諭Xにとって救いだったのは、ベテランの養護教諭のS先生が常に教諭Xの失敗経験も成功経験も丸ごと受け止めてくれ、叱咤激励し続けてくれたことでした。

2. 一九九〇年代の「いじめ」とのつながり―ホリスティック教育との出会い―

その後も一九八八年四月から一九九九年三月までの間、教諭Xは四つの学年で十一年間学級担任をし続け、そのうち三つの学年で七年間、学年主任をしていきました。卒業生を出していくたびに教諭Xは、いつしかこう考えるようになりました。

前年度まで受け持っていた学年・学級で織り成した光と陰の織物に、新たに出会い、迎える中学生の学びや暮らしの履歴を見据えながら、さらに新たな色合いの糸―青光・黄光・赤光・白光・雑光の糸、青陰・黄陰・赤陰・白陰・雑陰の糸―を紡ぎ織り込んでいこう、と。

そう思う契機となったのは、まず、二つの学年で海外から帰国した生徒たちだけで構成される帰国生徒学級の学級担任になったことです。教諭Xは、直接、海外からの帰国生徒の学級担任をしたことで、生徒たちのカルチャーショックに負けないくらいの刺激的なカルチャーショックを体験することになりました。今では当たり前のことになりつつありますが、当時、帰国生徒たちは、黒板とチョークで進める授業などではなく「生徒同士や生徒と先生がディスカッションする授業」を求めたり、号令と行進で展開する「ミリタリーのような体育の授業」ではなく「スポーツをみんなで楽しむ授業」を求めたりいました。

かつては異なる言葉や文化・生活習慣を身に付けて帰国した生徒たちを日本語の習得と日本の文化・生活習慣への「改宗」を強いる「適応教育」が横行していましたが、一九八〇年代の半ばから激しい国際化・情報化・環境問題の深刻化・少子高齢化、非行・いじめ問題の深刻化という社会の変化に対応する教育の創造過程で、異なる立場、異なる見方・考え方・感じ方を活かす教育への転換が模索されていきました。一九九〇年代に登場する「新学力観」を先行するかたちで試行実践が始まっていました。

生徒たちの持つ関心や意欲を引き出しながら、個性・特性と固有の体験を活かすには、一層の授業方法の改善と教材（＝学習財）の開発研究が不可欠でした。特に、学級担任の担当する教科や専門性を超えて学年の生徒が主体的に学び合う相互交流・啓発型の学習場面——調べ学習を踏まえたディベートやパネルディスカッションなど——や学習内容・体験活動の開発研究を進めました。

まだ総合的な学習の時間が始まる前ではありましたが、三か年間のカリキュラムの中に相互交流・啓発型の学習を位置づけていきました。

その試みは、特別活動、それも旅行・集団宿泊的行事で行われました。いわゆる中三で行われる修学旅行です。一年次からその修学旅行を正真正銘の修学に相応しい学習旅行にしていくために、学級担任の教科や専門性を中心にカリキュラムに編み込んでいったのです。その手始めに計画・実践されたのが、一九九〇年五月、岩手県和賀郡沢内村（現西和賀町沢内）への修学旅行でした。

この沢内村は、あの経済の高度成長期に「豪雪」「乳児の高死亡率／高齢者の病気」「貧困」と言う三重苦を背負わされ、捨て置かれた村でした。その村が、深沢晟雄村長を中心とする村民の手によって、冬期交通を確保し、保健と医療とをつなぐ「生命行政」を行い、乳児死亡率をゼロにし、厚生省（当時）に先駆けて老人医療を無料化していきました。そして、親雪・和雪・活雪の精神で地域産業を興していった村おこしの先駆的村落でした。

この沢内村修学旅行は、この生命《いのち》のつながりを求めてきた村長と村民に学び、これからの沢内を担うだろう中学生との交流を行ったのです。その交流は、相互に地域を紹介し合い、グループにわかれて中学生同士で対話し、そして、相互に合唱し聴き合う交流となりました。：成田（一九九七ａ）

こうした総合的な学習旅行は、その後、岩手県下閉伊郡田野畑村（一九九三年、一九九五年）や新潟県佐渡島（一九九八年）で行われていきました。

中学生は、異なる土地に生きる人々・自然・歴史・文化などとのつながりに気づき、みずからの地域や学校、友だちとのつながりの意味を考えたり感じたりしていきました。

中学生はもとより教諭Xにとっても、いのちのつながりを軸に時間・空間・人間《じんかん》・事物・情報・精神などあらゆるつながりに気づき、自己変様（変容）・相互変様（変容）が起こる深いホリスティックな学びになっていきました。

この一九九〇年代の教諭Xにとって、公私にわたって大きな転換点となる出会いと経験が重なってきました。

それは、多様な教育研究課題への対応、また、「いじめ」への対応、そして、難病に罹った長女のケアという複数の課題が一度に押し寄せていたとき、一九九四年、教諭Xは、ジョン・P・ミラーの『ホリスティック教育―いのちのつながりを求めて―』（春秋社）に出会うのです。

ホリスティック教育を読み解くキーワードは、以下の4つ。
・〈つながり〉（関係性 Connection）
・〈つりあい〉（均衡性 Balance）
・〈つつみこみ〉（包括性 Inclusion）
・そして、〈つづく／つづけること〉（持続可能性 Sustainability）である。
ホリスティック教育とは、
①人間《じんかん》・時間・空間・事物・情報・精神などあらゆるものとのつながりに気づき、【つながり】
②論理と直観、心と身体、自主独立と相互依存、知の様々な分野などとのバランスをとり、【つりあい】
③学んだ知識や概念、多様なリテラシー・スキルを知・心・身体性の中に取り込み、【つつみこみ】
④それらの〈つりあい〉〈つつみこみ〉〈つながり〉への気づきを通して、自己変革と社会変革への社会参画や行動を引き出す、持続継承的な教育のことである。【つづく／つづけること】
：成田（二〇一二）

そして、教諭Xは、公私にわたってあれやこれやの多様な課題は厳然とあるにしても、「結局、自分はひとつのことしかしていないのだ」と教育の本質的根源に気づいたのです。

そして、こうしたホリスティック教育にふれたとき、教諭Xの肩や首・胸・腰などの重みや強ばりが徐々に減少し解消していったのです。

このホリスティック教育に出会ってから、教諭Xは、学年主任として学級・学年経営を行うとき、これらのキーワードを意識しながら、学年を構成する生徒、学級担任の願いや思いを踏まえて学年経営・学級経営の方針を作成していきました。

第一章の1の「中学生のための『社会=人間交際学』講座―『いじめ』を考える授業―」の実践を初めて行った一九九六年の学年経営方針は、以下のとおりでした。

〈あたらしく迎える子どもたちとともに歩むための基本方針〉

生徒も担任も含めて一人ひとりの生命を大切にし、学級・学年・学校を喜びや楽しみの場とする。

①悪平等ではなく、善差別《ぜんしゃべつ》を大切にする。(一人ひとりがちがっていいこと)

②よく聞き取る・よく見つめる・よさを引き出す・環境を整える。(「多聞」「広目」「増長」に徹し、「持国=学級」環境を整備する)

③一人ひとりの主体的な思いや願いが生かされる。(子どもたちと教師の希望)

④事の前にできる限り予想・予測をしたり、あらかじめ考察をしたりする。(予察)

この方針は、学年主任の教諭Xが提案したものですが、このシンプルな方針を共有しつつ、入学式のあと、各学級で生徒と学級担任との出会いのための「学級びらき」を行っていきました。

教諭Xの学級びらきは、一人ひとり名前を呼び上げ、生徒は大きくゆっくりはっきりと声で返事するよう促し、生徒手帳を一人ひとりに手渡し握手し、最後に、金子みすずの「わたしと小鳥とすずと」を静かに読み語るというものでした。

翌日から「黄金」ではありませんが、生徒や学級担任にとって「珠玉」の三日間の学年オリエンテーションへと続いていきました。

この三日間にわたる「珠玉」の学年オリエンテーションを終えると、学級担任はへとへとになってしまいます。生徒同士、生徒と学級担任とのつながりを創るために頭と心と身体のすべてを使って行うからです。毎年のように決まったルーティンワークとして行うオリエンテーションではなく、この年のこの学年この学級の生徒たちを迎えるために学級・学年担任が、全教職員の手を借りて、知・心・身体のすべてを掛けて行うオリエンテーションなのです。

なぜ、それほどまでに力を合わせ、「集注」させたのでしょうか。

それは、思春期真っ只中、人生二度目の誕生を迎える時期の中学生に訪れるだろう様々な「出来事」に生徒も学級・学年担任も備えるためであるからです。

ともすると授業時数の確保が最優先課題になりがちで入学後即授業に入りたくなりますが、生徒にとっても教員にとっても、学級・学年びらき、学級・学年づくりというスペシャルなアクティビティ（特別活動）、しかもホリスティックなアプローチを通底させ創り上げていくことが大切なのではないか、と教諭Xは考えるようになっていきました。

こうして始まった学級・学年ではありますが、もちろん「いじめ」は皆無ではありませんでした。確かに様々な「問題行動」もありましたが、それも生徒たちと学級・学年担任とのつながりと「対話」を通じて対応し、保護者からのクレームが起こったり生活指導主任や管理職の手を煩わせたりするような大事に至るこ

第一日目	
○自己紹介	自己表現・アピール、私の好きな言葉とその理由
○生徒手帳ときまり	自由と規律・責任、個人ロッカーとプライバシーの尊重
◎学年びらき	担任の自己紹介、集団遊び（序「手つなぎ通信」）
第二日目	
○学級三役の選出	学級委員長・副委員長、書記、総務の仕事と選出
◎中学校の生活	先輩たちの作ったＶＴＲ鑑賞
○校内めぐり	校舎内めぐり歩き（学校図書館の使い方を中心に）
◎歌の集会	集団遊び（破「歌のふれあい」）、校歌の斉唱練習
◇新入生歓迎会	生徒会・執行委員会のしくみと仕事、部活動の紹介
第三日目	
○生徒会執行委員の選出	生徒会執行委員の役割と選出
○班つくりと係活動	生活班づくりと係活動の決定（係の仕事・清掃の分担）
◎副校長・養護教諭の講話	中学校の学習と生活、心と体の健康
◎集団行動	集合・解散の練習のための集団遊び（急「えがったなあ」）
◇立合演説会・集団遊び	前期生徒会役員・執行委員長選出のための立合演説会

○：学級、◎：学年、◇：全校

プラン：成田（一九九七ｂ）、集団遊び：石崎ら（一九九七）

とはありませんでした。

3．二〇〇〇年代の「いじめ」とのつながり―ケースが人を作る！―

二〇〇三年四月、ある学校に新しい校長と副校長とが着任しました。校長は憲法や人権に造詣の深いT先生で、副校長は二五年の教職経験を持つXでした。このふたりの新人管理職は、前任者から一通の手紙を渡されました。それは、保護者からの「いじめ」に関する告発状でした。

副校長Xは、校長Tとともに、この問題を解決することから管理職としての仕事を始めることになりました。

年度当初の職員会議で校長Tは、以下のような基本方針を示しました。

〈学校経営のための基本方針〉

○全生徒の心身の成長と安全に充分配慮した教育活動を行う。
○より一層各教職員間の信頼と協働に基づいた教育活動を行う。
○より教育の実現ために地域や学外諸機関との連携・協働を積極的に推進する。

この基本方針は、学校の教育目標〈〇たくましい身体をつくろう（身体）、〇豊かな心をもとう（心）、〇正しい判断をしよう（知）〉の実現のために、また、突如として喫緊の課題となった「いじめ」への対応を念頭に置き、なおかつ学校の教育活動のすべてに通底する方針として、校長Tと副校長Xとの「議論」や「対話」を経て、紡ぎ出した方針でした。

このときは、その後、何が起こるのか、新人管理職にとってまったく予想もつかない状態でしたが、結果としてこのシンプルな基本方針は、管理職はもちろん教職員の教育活動の根底で支えるものとなりました。

そして、在職四年間で校長Tと副校長Xは、主に以下のような六つの仕事を行いました。

（一）生徒間のいじめへの対応（校内体制の整備充実、少年犯罪や子どもの人権に精通した弁護士や子どもの心の専門家臨床心理士・精神科医との協働システムの構築）

（二）生徒の心身の病への対応（海外から帰国入学する生徒の多い学校であったため、重症急性呼吸器症候群SARS発生に伴う緊急対応、発達障害や心の病に対応するために臨床心理士・精神科医との協働システムの構築）

（三）学校の将来・ビジョンの明示（新しいカリキュラムの創造と研究体制の構築）

（四）学校図書館の整備と運営体制の確立（生徒の知と心を育む学習空間の構築）

（五）教職員の労働安全衛生（教職員の心身への配慮と学校医との協働システムの構築）

(六) 教職員との面接 (自己申告書を介した面接による教職員個人の願いや思いの傾聴)

ここでは、(二) の「生徒間のいじめへの対応」に焦点を当てていきたいと思います。

まず、年度当初に校長Tと副校長X・当該学年の主任・生活指導主任は、「いじめ」に関する告発状を書いた保護者を訪問し、謝罪と今後の「いじめ」への組織的対応を約束しました。

いざ、その仕事に着手し始めると、「いじめ」問題がほぼ同時に多発していることが判明していきました。副校長Xは、生活指導主任と当該学年主任、養護教諭などから「同時多発いじめ」をめぐる情報を収集・記録・整理すると同時に、各学年会に参加するようにして各学年の日常的な課題や生徒の状況の把握に努めました。

ある日の夕刻、突然、いじめの被害に遭っているある生徒の保護者が電話をかけてきました。「これから学校に行く!」と言います。校長Tが不在だったため、電話で連絡を取り、その対応について打ち合わせを行いました。

副校長Xは、校内に残っていた教員二名に記録役を頼み、その保護者を迎えることにしました。

午後九時、その保護者は、校長室に入ると、「いじめ」に関する事実経過と学級担任の動きについて時系列を追った記録を示しながら、学級担任・学年の指導の在り方・問題点を指摘し、いじめの加害生徒への強力な指導を強く求めてきました。

副校長Xは、誠意をもって現状や今後の対応策について説明したが、まったく受け入れられず、保護者は要求を繰り返し、いざというときはこの記録をもとに裁判に訴え出る覚悟があると言い放っていきました。そして、その保護者が校長室を出たときは、すでに日付が変わっていました。

その後、学校の監督機関への報告をした上で、校長Tを中心として副校長X、生活指導主任、当該学年主任・学級担任、養護教諭等で対応について話し合いました。

そこでは、以下の三つの課題が明らかになりました。

①「いじめ」を即刻止めさせる手だてを打つこと。

②「いじめ」の原因や背景、事実経過のさらなる究明、実効ある対応を考えること。

③「いじめ」をめぐるすべての当事者（生徒・教職員）の心のケアを行うこと。

④「いじめ」をめぐる訴訟となる可能性も視野に入れ法的対応を考えること。

①②は、生活指導主任と当該学年主任・学級担任で行い、③については副校長と養護教諭が中心になり対応策を考え、④は監督機関と連携しながら校長・副校長が行うことになりました。

④については、「いじめ」をめぐる学校の法的対応について専門家からの助言を得ることにしました。まず、副校長Xは、これまでに「いじめ」をめぐる裁判の判例から導き出された学校・教師の法的義務・責任について文献調査を行いました。

ここで明らかになった学校・教師の六つの法的義務・責任は、そのほとんどが学校・教師が行ってきたことばかりでしたが、そこが争点となり争われてきたからにほかなりません。

「いじめ」や「体罰」をめぐる裁判は、当事者に児童生徒がおり、保護者・教職員・学校管理者・学校設置者などを巻き込んで行われます。成人ならまだしも未成年が当事者になる裁判は単に白黒つけられた判決を超えてその当事者となった児童生徒に深い傷やおとなへの不信感を残すことになりかねません。その意味でも児童生徒の生命と人権・安全・安心を守るためには、日常の生活指導や学習指導にこうした六つの法的義務・責任を常に通底させる必要性を副校長Xは強く感じました。

また、副校長Xは、みずからの二五年にわたる教職経験を振り返って、この六つの法的義務・責任の中で学校や教師が経験知・経験則、実践知という準拠枠にこだわるため、あまり果たしてこなかった法的義務・責任があることにも気づきました。

それは、**「いじめ」の本質を理解する義務**でした。

一九八〇年代よりほぼ十年ごとの大きな波の如く押し寄せる「いじめ」について、マスコミによる報道記事や文部省・文部科学省や教育委員会から発せられる文書も、のど元過ぎればその熱さも忘れることがしばしばだったのではないでしょうか。

事後、具体的なケースを検討・分析・記録し、再発防止に向けていく必要があり、また、専門家や専門機関がその知見を言語化・可視化した文献や論文などを読み合ったり講演やワークショップに参加したりするなど研修し続けていく必要もあります。

その際、常に「いじめとは何か」という本質的で根源的な問いを受け止め、応答し続けていくことが必要です。

〈「いじめ」をめぐる学校・教師の法的義務・責任〉

（一）「いじめ」に関する一般的注意義務（○児童生徒の安全保持の義務、○児童生徒を「いじめ」から守る注意義務）

（二）「いじめ」の本質を理解する義務（○教師が日頃から注意義務を適切に行うために日頃から「いじめ」の本質や特徴について学習、理解し教育実践に生かす義務）

（三）「いじめ」をめぐる児童生徒の動静把握義務（○「いじめ」は教師に隠れて行われているとの認識義務、○教師は児童生徒の生活実態を注意深く観察し、常にその動静を把握し、「いじめ」の発見に努める義務）

（四）「いじめ」の実態調査義務・全容解明努力義務（○「いじめ」行為があると認められる場合、学校は迅速にして慎重に、当事者はもとより、周囲の児童生徒など広い範囲を対象にして事情聴取をするなど、周到な調査をして事態の全容を正確に把握する義務）

（五）「いじめ」防止措置義務（○調査の結果、「いじめ」の実態が明らかになった場合、学校・教師は「いじめ」をやめさせるための具体的な義務、○具体的な対応は事例ごとに異なるが、いじめられている児童生徒の被害の実情や予測される危害の重大性と緊急性に応じて、全校児童生徒に対する一般的な指導、いじめっ子に対する説諭などの個別指導、出席停止や校内謹慎の措置、学校指定の変更の具申、警察などへの援助の要請、児童相談所や家庭裁判所への通知など、様々な措置を同時的、段階的にとる義務）

（六）「いじめ」に関わる保護者に対する報告義務、保護者との協議義務（○「いじめ」の実態に関する報告およびその解決に向けての協議義務と、上記の防止措置を講じる場合に、保護者に対して報告し、その理解と協力を求める義務）

：日本弁護士連合会（二〇〇六）

次に、校長Tがその専門性を発揮され、今回の同時に多発した「いじめ」のケースについて相談にのっていただく法的専門家を見つけて来ました。

その方は、弁護士なのですが、ただの弁護士ではありませんでした。少年犯罪や子どもの人権を専門としておられる弁護士で、しかもかつて子どもの人権を守る立場から学校や教育委員会を相手に裁判をして来た弁護士でした。

副校長Xは、校長Tの判断に一瞬不安を覚えたのですが、校長Tは、いじめの被害生徒も加害生徒も加担・傍観生徒もすべて当事者は生徒であり、すべての生徒の生命と人権・安全を守り育むために何が必要なのか、最善の選択をしていくための助言を得るにもっとも相応しい弁護士であると力説されました。

日本もいよいよ訴訟時代に突入し、企業はもちろん、大学や教育委員会も顧問弁護士を抱える時代です。しかし、その顧問弁護士の多くは企業や大学・教育委員会という組織の防衛のための弁護士であって、挑み挑まれた裁判に勝つことがミッションとなるのが一般的です。

しかし、学校はあくまでも教育・学習活動の場であり、本来、すべての子どもの健やかな成長を支える場です。「いじめ」という問題行動において、被害生徒はもちろんすべての生徒の生命と人権・安全・安心を守る観点からその弁護士の助言・指導を得ることに踏み切ったのです。これによってリーガルサポート・システムが構築されました。

また、副校長Xは、被害生徒と加害生徒、加担・傍観生徒と教職員の心のケアを行うために、学校と臨床心理士・児童精神科医と連携・協働するメンタルサポートシステムの構築も行っていきました。

この二つのシステムは常に連携・協働し合い、問題解決に当たっていきました。

この二つのシステムの柱となった専門家である弁護士と児童精神科医が、期せずして「わたくしたちは専門家ではありますが、どんなに専門性を発揮しても当事者である生徒たちに直接かかわるのは担任の先生です」と、別々の場面でおっしゃったことがあります。直接生徒に影響を与えるのは、誰でもない教育実践の専門家、学級担任であることを副校長Xは改めて認識させられました。

校内の「同時多発いじめ」が沈静化しはじめた頃、二〇〇六年十一月、「いじめ自殺予告」の手紙が文部科学大臣宛に複数届き、大臣が「いじめられている君へ」とメッセージを投げかける事件が起こりました。各学校では、文部科学省から送られてきた手紙の画像をもとにその手紙の主がいないか筆跡調査をしたり、全校生徒に対していじめに関するメッセージを送ったりしました。

このとき、副校長Xの学校でも調査を行い、全校生徒に向けたメッセージを作成し、それを直接生徒に伝えることになりました。各学級で生徒たちに伝えるべきか、全校生徒に一斉に伝えるべきか、検討した結果、校長が同じトーンで一斉に行うということになりました。

しかし、如何なる内容を伝えるべきか。へたをすれば、沈静化してきた「いじめ」を再燃しかねません。また、「寝た子」を起こしてしまいかねません。

そこで、メンタルサポート・システムを活用し、臨床心理士のO氏と連携・協働し、副校長Xの作ったメッセージ案をもとにO氏とのやりとりを重ね、最終的にはO氏の校閲でメッセージが完成しました。

「いじめ」につながりかかわるあなたへ

ＴＶや新聞などで報道されているように、六日、文部科学大臣宛のいじめによる自殺予告の手紙をはじめ、クラスのみんな、自分の両親、先生、校長先生、教育委員会など宛の、「豊」のつく消印、専門家によると「豊島」という消印の可能性のある手紙が文部科学省に届きました。

文部科学省は、「豊」のつく郵便局のある、二十一の都道府県の教育委員会を通じて各小・中学校に調査を依頼しました。本校にも調査依頼が届きました。

もし、この手紙の差出人について、心当たりのある人がいたら、ぜひ、情報を寄せてください。学校の内外の情報如何に関わらず提供してほしいと思います。

万々が一、本校の中にいたら、手紙ではなく、直接、保護者や担任の先生などに伝えてください。学校は、救いの手を差し伸べる用意があることを忘れないでください。

＊

(〇)いじめは第一に、いじめる側の問題です。しかし、ここではそのことには触れません。いじめられた人は適切に守られなければなりません。心が傷ついているからです。時には死を選ぶほどの傷を負うことがあるからです。

(一)人の心はとても傷つきやすいものです。同時にまた、人の心はものすごい困難に打ち勝つ強さももっています。しかし、傷つきやすさを軽視してはいけません。

(二)小学校高学年位から友人関係で傷ついたり、傷つけたりが起きやすくなります。友だちがとても大事な年頃になっているからです。周囲の人や友人に自分がどう見られているか、そういうことにとても敏感になるのです。それは皆さんの年齢で当たり前のことです。人の心は傷つきやすいものであり、さらに、皆さんの年齢では、その傷つきやすさが一層感じやすいものになっているのです。また、誰にも苦手なことや弱点があります。弱さのない人はいません。弱さは人間らしさの一つです。

(三) 意図的ないじめや暴力は論外です。しかし、友だち同士の間で、悪気のないからかいや冷やかしが楽しまれることもあります。いわば遊びです。しかし、気をつけてください。たとえ自分に悪気がないときでも、それでとても傷つく人がいるのです。自分は冗談や軽い気持ちでも、相手はそうは受けとれないことがあります。単なる誤解の場合もあるけど、感受性がちがうために起きる食い違いがあります。考え方や感じ方には、大きな違いがあるからです。傷つきやすさも人によって、とても違います。お互いその「違い」に気づき、それをお互いに大事にすること、尊重することが大切です。悪気なくても相手を傷つけた時は、素直に謝りましょう。自分の物差しだけでは、人の心は測れないのです。

(四) 第一に人の心は傷つきやすいということ、そして、みなさんは友人関係で傷つきやすい年齢だということ、さらに、その「傷つきやすさ」は、人によりまったく違うということを話しました。心の発達の研究からは、10人に1人くらいの割合で、対人関係の考え方や感受性が大きく違う人もいる、と言われています。そうした「違い」は、それぞれの個性であり、「その人らしさ」の一部です。

(五) 今、私たちはお互いの「その人らしさ」やその人の個性をあらためて尊重し合う必要があるのではないでしょうか。

(六) そして、誰にでもプライドというものがあります。中学時代、思春期、青年時代はとてもプライドに敏感になります。相手のプライドを傷つけると予想される言葉や行動はしないでください。

(七) そして、それぞれの「その人らしさ」を大切にし合っていきましょう。

二〇〇六（平成一八）年一一月八日

A中学校　校長T

このメッセージは、いじめられている「あなた」だけではなく、いじめている「あなた」、加担や傍観している「あなた」、そして、いじめにつながるすべての教職員・保護者に宛てたメッセージとなりました。

二〇〇三年四月に前任者から引き継いだ「いじめ」の告発状から出発した二人の新人管理職は、それぞれの専門性や経験知・経験則、実践知をつなげながら、学校の組織マネジメントを行ってきました。

副校長Xは、実務・実践経験をもとに、校長Tの持つ専門性に学び、「いじめ」問題を中心とする生徒の生命と人権・安全・安心を確保するためのシステムの構築とその意味づけを行ってきました。

校長Tは、常々教職員に向かって「ケースは人を作る。ケースはルールと手続きを作り、そして、制度を作る」と語ってこられました。

副校長Xは、一瞬、これは逆なのではないかと思いました。一般には、ある制度の下でルールや手続きに従い、人はケースに対処するのが常です。しかし、ケースに向き合い対応していく中で、人は成長し、新たなルールや手続きを創り、新たな制度やシステムを作っていくというのです。

しかもこのケースCaseは奥が深く、以下のような八つの意味が内包されています。

①【対象】日常的な教育活動そのもの
②【事例】事件・事故・災害等
③【問題】死傷・心的外傷・感染症・いじめ・不登校・体罰等
④【事件】被害回避／縮減不能＝クライシス
⑤【真相】事実の把握・因果関係の究明
⑥【症例】身体症状、心の病とその対応
⑦【論拠】道義的責任、説明責任の根拠
⑧【裁判】係争関係、裁かれる個人と組織

①から⑧までをバラバラに捉えるのではなく、つながりかかわる一連の概念として理解し、想定や実践することに意味があると、副校長Xは校長Tから学びました。

そして、四年間にわたる管理職の仕事を終え、二〇〇七年三月、校長Tと副校長Xは同時にその学校を去っていきました。

4. 今、「いじめ」を超える実践を求めて―次世代・未来への希望―

これまで一九八〇年代から二〇〇〇年代、教諭時代・副校長時代を過ごしたXのライフヒストリーに投影された「いじめ」とそれにつながりかかわる教育実践・組織運営を追いかけてきました。したがって、教諭Xのライフヒストリーは、ある時代の、ある地域、ある学校で遭遇した「いじめ」とそれにつながりかかわったある生活・ある教育実践・ある組織運営しか描かれていません。

しかし、その一個人のライフヒストリーと言えども、否、わずかな時間であるにしても時間軸を移動する個人の生命活動であるからこそ、見えてくることがあります。

歴史学者・深谷克巳は、「個人史」の有効性について、「何ぴとの生涯をもつらぬいている『時代性』と、おそらく何ぴとの生涯のなかにも、持続的にか瞬時的にかおとずれたであろう『変革性』、あるいはその契機を、日常と変動の『個人史』の全体的なながれのなかで発見し、それを過不足ない叙述によって提供するところから生まれるのである」と述べています。：深谷（一九九一：九頁）

また、大方広仏華厳経に「一即一切、一切即一」という言葉があります。「一つの塵がそのまま宇宙のいのちを表わし、また宇宙は、一つの塵もそのいのちからはずさず、個と全体が有機的に統合する壮大な宇宙観です」：大須賀（一九八七：六九頁）

一個人の実践から教育を含む〈いのち〉の全体を見つめようとする主体性と、〈いのち〉の全体や教育活動の総体の中に、一個人の実践が慎ましやかにつながり存在しているという謙虚さとを合わせ持ちつつ、教諭Xのライフヒストリーの中に「いじめ」とそれにつながりかかわる教育実践・組織運営の在り方を読み解いていくことにしたいと思います。

(一)「いじめ」とは何か

「いじめ」とは、あらゆる人々のつながりかかわり方の一つに過ぎないということです。ある時点、ある場所では、被害・加害・加担・傍観等のいずれかの立場に立っていたとしても、時間軸を移動することによってその立場は異なっていきます。認知や情動のレベルではコントロールできない深層の身体性・感覚運動レベルにまで働きかけないと、いじめられる、いじめる、取り巻くというつながり方を変えることは困難です。一章の『「いじめ」につながりかかわる中学生との対話』でふれたように、ストレス・コーピングとしての「凝り固まったきみの「からだ」をほぐす四つの作法」はその序の口としての対応であり、深刻化したレベルではセンサリーモーター・サイコセラピーなどのセラピストや精神科医などの力を借りねばなりません。:パット・オクデンら(二〇一二)

しかし、入学式で迎えた多くの子どもたちは、いずれかの立場で「いじめ」につながりかかわりながら過ごし、やがて卒業式に臨み卒業していきます。今世紀に入ってからは、いじめ自殺予告どころか、いじめが原因と見られる自殺をしていく子どもたちの事件が多数報道されるようになりました。

いずれにしてもそのいじめをめぐる生徒指導の成功体験や失敗体験をもとに、新たに迎える子どもたちにいかなる予察・予防的なアプローチをすべきか、協働によって組織的な対応を考えていく必要があります。

そのとき、予察・予防的なアプローチとしてのポイントは、いじめより喜びを共有することができ、また有意味性の感じられるつながりかかわり方を創出していくことです。

それは、生徒指導や教育相談という場面に限らず、登校から下校までのすべての教育において、あらゆる人間（じんかん）・時間・空間・事物・情報・精神とのつながりやつりあい、そして、それらをつつみこみ、つづく／つづけるというホリスティックなアプローチを通底させた教育活動を展開することであります。

そして、いじめという「負」のつながりかかわりではなく、共有できる喜びや意味ある「正」のつながりかかわりを求めて個人としてできる教育活動のプランを立て、さらには学年や分掌における組織的協働のシステムによってよりよいつながりかかわりを創出していくことが重要でしょう。

(2) 古くて新しいホリスティック・アプローチへの気づき

ホリスティックHolisticという概念は、我が国では、一九八〇年代末から九〇年代の頭にかけて北米から、主として医学、そして教育学の世界に入ってきました。しかし、その概念の根底には、洋の東西南北をつなぐ哲学・思想・精神性が流れています。単に欧米から直輸入した概念ではありません。

かつて、一九世紀のイギリスの社会学者・ハーバード・スペンサーが"Education: Intellectual,

Moral, Physical"を著し、教育を'Intellectual Education'と'Moral Education'と'Physical Education'とに分類しました。それが我が国でのちに福沢諭吉などにより「知育・徳育・体育」（三育）と翻訳され、長年に渡って咀嚼され受け継がれてきました。今日では、医食同源につながる「食育」を加え、「三育＋食育」に至っています。

二〇一三年四月に答申された中央教育審議会「第二期教育振興基本計画について（答申）」にも、我が国が抱える「危機的状況」―①少子化・高齢化の進展、超高齢人口減少社会の出現、②グローバル化の進展、その光と陰、③雇用環境の変化、キャリア教育のゆくえ、④地域社会、家族の変容と子どもたちのくらし、⑤深刻なる格差の再生産・固定化、⑥社会の不安定化による安全・安心への影響、⑦環境問題、食料・エネルギー問題、民族・宗教紛争など様々な地球規模の課題、物質的豊かさのみの追求という視点からの脱却、持続可能な社会の構築課題など地域・地球規模の課題への対応、⑧東日本大震災・原発事故後の知・心・身体の現状―を乗り越えるために「自律」・「協働」・「創造」という理念を掲げつつ、初等中等教育においては「確かな学力」「豊かな心」「健やかな体」という三育を堅持しています。

また、最近の脳科学の成果では、人間の脳には、「認知」を司る大脳新皮質（新哺乳類脳）、「情動」を司る大脳辺縁系（哺乳類脳）、「感覚運動」を司る脳幹（爬虫類脳）の三位一体性が注目されています。オクデンら（二〇一二）人間の「認知」を支える「情動」、「情動」を支える「感覚運動」、「感覚運動」に働きかける「情動」、「情動」に働きかける「認知」の関係性は、大雑把に捉えて人間の知性・心性・身体性のつながりとつりあい、そしてそれらをつつみこみ、つづく／つづける生命活動としてのホリスティックな教育活動の有意味性を根拠づけています。また、言語や論理的思考を司る「左脳」と感性・感覚や直観を司る「右脳」との違いが殊更に強調された時代がありましたが、最近の脳科学では、むしろその両者をつなぐ「脳梁」の働きが注目されています。

今、学校教育の中で長い間、持続・継承されてきた三育、「知」と「心」と「身体」は、校長室の額縁に納められた形式として「目標」ではなく、それらがリアルにつながりつりあい、そして、それらをつつみこみ、暮らしや学びの中で生かしつづけるためには、まさしくホリスティックなアプローチが必要でしょう。

そして、「いじめ」というつながりかかわり方を喜びの共有や意味あるつながりかかわりにトランスフォーミングさせていくためには、まさしくホリスティックなアプローチが不可欠なのです。

(3)「いじめ」を超えるホリスティック・アプローチへの期待と可能性

最後に、「いじめ」を超えるホリスティック・アプローチへの期待と具体的な可能性についてふれておきましょう。

①入学から卒業まで、「認知（知性）」「情動（心性）」「感覚運動（身体性）」の三位一体性を取り入れた実践を行うことです。特に、卒業というゴールを見据え、「喜びの共有」と「有意味性」を通底・担保させた学級・学年活動、児童会・生徒会活動、様々な学校行事など「特別活動」の在り方を見直すこと。【つながり・つりあい・つつみこみ・つづける「特別活動」への再構築】

②入学から卒業まで、すべての教科・領域等の授業や活動の中で「認知（論理・証拠による学び）」と「情動（直観・ひらめきを引き出す学び）」とを架橋・往還する学び（たとえば、学んだ事実をもと「創作叙事詩」とその「解題」を書くなど）、さらに「身体性」を伴う活動（多様な表現活動や他者への音読・読み語り・群読など）を伴う学びを取り入れてゆくこと。【ユネスコ・スクール、シュタイナー教育からの示唆】：成田（二〇一三）

③いわゆる生活指導や教育相談だけではなく、児童生徒同士、児童生徒と学級担任・教科担任との間の高い壁や深い溝（原離隔）の存在を踏まえた「対話」の場を持つこと。理解や説得を超えた「共在」そのものや「沈黙」をも受け入れた深い「対話」の機会を探ること。【ブーバー、パウロ・フレイレ、禅からの学び】

④すべての児童生徒や教職員などに「凝り固まった「からだ」をほぐす作法」など、知と心をつつみこむ身体性に働きかけるストレス・コーピングの方法を伝えてゆくこと。【知・心・身体性に作用するストレスコーピングの普及】

⑤すべての児童生徒を山の頂・川上にイメージし、学級担任・主任教諭・主幹教諭・副校長・校長がそれぞれ山の麓・川下で「サーバント・リーダー（仕えつつリードし、リードし仕える人）」として大小の組織マネジメントを行ってゆくこと。【次世代型組織マネジメント、水の思想・川の組織論】：成田（二〇一二）

これらは、ホリスティックという概念を知らなくても、多くの児童生徒や教職員が経験したことがある可能性を秘めたアプローチではないでしょうか。したがって、特別に目新しいことではありませんが、児童生徒や教職員などがその経験をホリスティックに位置づけや関係づけ・意味づけをしてゆくことが求められていくのではないでしょうか。

参考文献

○石崎洋一・手塚郁恵・冨田麻紗子（一九九七）『きらきらゲーム―かがやく自分をとりもどせ!!』善文社
○牛田匡（二〇〇四）「自由教育学校（Alternative School）研究に関する一考察：オートエスノグラフィー研究に注目して」『関西大学教育学科研究年報』第三〇号（六一～六八頁）
○大須賀発蔵（一九八七）『いのち分けあいしもの』柏樹社
○小田博志（二〇一〇）『エスノグラフィー入門―〈現場〉を質的研究する―』春秋社
○成田喜一郎（一九九七a）「いのちのつながりを学ぶ子どもたち―修学旅行／岩手県和賀郡沢内村を訪ねて―」『季刊 ホリスティック教育』第四号、日本ホリスティック教育協会（六五～七一頁）
○成田喜一郎（一九九七b）「Ⅳ章　中学校の具体的実践事例―「いじめ」をする二年生・友巳君とのホリスティックな「教育相談＝対話」を中心に」『癒しの教育相談 ホリスティックな臨床教育事例集（4）学級経営に活かす教育相談』明治図書（一三二～一五七頁）
○成田喜一郎（一九九八）「「歴史教育の方法と課題」再考―歴史上の人物と「サイコヒストリー」との関わりを中心に―」『東京学芸大学附属大泉中学校研究集録』第三九号（三一～四四頁）
○成田喜一郎（二〇一二）「次世代型学校組織マネジメント理論の構築方法―「水の思想・川の組織論」の創成過程―」『東京学芸大学教職大学院年報』第一集（一～一二頁）
○成田喜一郎（二〇一三）「子どもと教師のオートエスノグラフィーの可能性―「創作叙事詩・解題」を書くことの意味―」『ホリスティック教育研究』第十六号（一～一六頁）
○日本弁護士連合会編（二〇〇六）『子どもの権利ガイドブック』明石書店
○パット・オクデンら（二〇一二）『トラウマと身体―センサリーモーター・サイコセラピー（SP）の理論と実践―』星和書店
○深谷克巳（一九九一）「個人史の可能性―一七～一九世紀日本における農民一揆指導者の伝記研究から―」『歴史学研究』第六一八号（八～一二頁）

おわりに

二十年前にホリスティック教育と出会いました。「子どもに何を教えるの?」「学校は何をするところ?」「良い教師とは?」自分の中で問い続けていたことを整理してくれたのが、ホリスティックという考え方でした。

内地留学をした際にホリスティック教育について学ぶまでは、たくさんのことを教え込むことが良いと思い、周りからの評価に気を使っていた自分がいました。何かに急き立てられるように過ごしていた日々を思い出します。ホリスティックという考えに出会って、価値観の転換が起こり、本当に子どもと向き合うとはどういうことなのか、教育の本質「引き出す」ということの大切さに気づかされたように思います。

学校に復帰しての一年目、一年生を受け持つことになりました。子どもへの見方や接し方が変わると、一人一人の子どもたちが様々なところで輝いているのを見つけることができました。教室の中では、小さな発見がたくさん起こりました。国語での発表の仕方や、体育でのがんばり、友だちをかばう姿や丁寧に掃除をする姿などを見つけることが喜びにかわっていったように思います。今まで以上の仕事の量をこなしていても、ストレスを感じずに子どもと向き合え、子どもたちとも保護者とも笑顔で一年間過ごすことができたように思います。

今、その時に受け持った児童が、同僚として同じ職場にいます。そして、もう一人、山間の小さな学校で講師として働いています。彼らは「六年間で、一年生の時の記憶が一番多く、とにかく楽しかった」と語ってくれました。そして、彼らが教師の道を選んだのは、小学一年生の時の楽しい思い出がきっかけだったというのです。


年々、学校教育現場でも多忙化は進み、子どもたちの小さなサインに気づかなかったり、気づいたとしても立ち止まる余裕がなかったりすることが多くなっているのではないでしょうか。様々な調査も進み、自分ができないことや子どもたちのできないことにばかりにとらわれて、自分を責めてしまう先生方も多くなっています。自分を責める前に、問題の背景をさぐり、子どもたちの愛しさを感じることができれば、苦しみが少しずつ解けていくように思います。

少し立ち位置を変えて「子どもを教える」「子どもに教える」のではなくて「子どもと一緒に学び合う」関係にかえれば、教えることの喜びも増えてくると思います。

学級担任の責任は非常に重く、その重責に押しつぶされそうになるかもしれませんが、日々ささやかな喜びを積み重ねることで質の高い学級集団を作っていくことができます。

夢を持って教師の道を歩みだしてくれた若い先生方にも、教えることの喜びを味わってもらいたいと願います。

わたくしたちが送り出す本書が、子どもたちと先生、若い先生方と中堅やベテランの先生方との関係をよりよい方向にかえていくヒントとなればと心より思っています。

「いじめ」を超えていくには、すべての子どもたちとのつながりとバランス、そして、共感も違和感もつつみ込むホリスティックな見方・考え方・感じ方、そして、在り方に気づくことではないでしょうか。

教育とは息の長い取り組みです。子どもたちとつながりかかわり、見守り続けていくことです。

このホリスティック教育叢書は、本書を皮切りに実践と研究をつないでいく試みとして、多くの読者や会員のみなさんとともに作り出し続けたいと考えています。今後、ホリスティック教育叢書に取り上げてほしいテーマや話題がありましたら、ぜひ、お寄せください。

最後に、執筆に当たってくださった異なる専門性を持つ中山美由紀さん・吉田敦彦さん・中川吉晴さん、そして、わたくしたち編著者と、編集に当たってくださったせせらぎ出版、印刷・製本所のみなさんとともに、本書が出版できましたこと、心より喜びを分かち合いたいと思います。

日本ホリスティック教育協会　西田千寿子・成田喜一郎

編　者

成田喜一郎（なりた　きいちろう）

東京生まれ。日本ホリスティック教育協会共同代表・常任運営委員。東京学芸大学教職大学院 教授。中学校教諭・副校長の経験を経て2007年より大学に移る。専門は、ホリスティック教育（越境する教育学の創成）、学校図書館活用教育、国際理解教育、社会科教育ほか。現在、研究テーマはESDカリキュラムの開発。

西田千寿子（にしだ　ちずこ）

和歌山生まれ。日本ホリスティック教育協会共同代表・常任運営委員。和歌山県公立小学校教諭として勤務しながら、大阪大学大学院連合小児発達研究科、後期博士課程に在学中。子どものレジリエンスを高めるフレンズプログラムのアドバンズドトレーナー。熊野の山の回復を願って活動する「いちいがしの会」のメンバー。

ホリスティック教育叢書 1

「いじめ」を超える実践を求めて
―ホリスティックなアプローチの可能性―

2013年10月11日　第1刷発行

編　者●日本ホリスティック教育協会
　　　　成田喜一郎　西田千寿子

発行者●山崎亮一

発行所●せせらぎ出版
〒530-0043　大阪市北区天満2-1-19 高島ビル2階
TEL. 06-6357-6916　FAX. 06-6357-9279
http://www.seseragi-s.com　info@seseragi-s.com

装　丁●仁井谷伴子

印刷・製本●株式会社関西共同印刷所

 ISBN978-4-88416-223-8